跡履

每個人都有
一條堅持要走的路

The
Persistent
Road

A Social Worker's Story ④

吳文炎
著

每個人都有一條堅持要走的路

推薦序

李家同｜博幼基金會榮譽董事長

　　文炎的第四本書絕對是社會工作者的武功秘笈，無論是面對有課輔需求但不想合作的學校、總是沒空的導師、家長座談會總是爽約的家長、一天到晚打架的學生⋯。文炎總是能準確的對症下藥，一次又一次解開人與人相處最難解的問題，而且這些解法，你在參考書裡絕對找不到。

　　每個弱勢孩子、每個弱勢家庭背後都有一段故事，是我們很難看見的，文炎從不以高姿態的助人者去看待這些家庭和孩子，而是低下頭、彎下腰走進孩子的生活，才能看見那些反叛、挑釁、總是洗不乾淨的衣服背後，其實是許多的無可奈何。

　　社會工作者的路總是充滿挫折，幫助他人絕不只是單純地提供經濟支持，為了讓一個孩子安心學習，必須與學校、老師、家長都建立良好的信任關係，若不是抱持正向、敏銳、靈活且總是尊重對方的態度，很可能就會把「好事給做

壞了」。

這本書中的每一篇章開頭都有一個問題，讀者不妨先想一想答案，再往下看文炎的故事，相信閱讀完後會找到讓文炎在這條路堅持了二十年的原因，也讓我們能被這樣溫柔堅定的力量感染，多一點點勇氣堅持對的路，一起聚集善的力量，讓世界變得更好。

推薦序

唐傳義｜博幼基金董事長

　　法國新浪潮電影流派導演楚浮，在他初試啼聲便一鳴驚人的第一部電影「四百擊」裡，描寫了一個叫安瑞的小男生，剛開始只因為一張教室裡小男生們間流傳的春光照片剛好來到他手上，被老師發現後，便視其為問題小孩。而後，在一次心血來潮的翹課中，安瑞竟然不小心發現了媽媽外遇的秘密。遊走在父母感情的不和睦、家庭教養失功能，以及學校老師的威權與敵視，小男孩安瑞竟然在不知不覺中，只能選擇一次又一次的翹家、逃學，最後甚至因為偷竊被捕，而被送進了教導所。而電影的最後一幕，則是停留在逃離教導所的安瑞，一個人站在海邊，不知何去何從的孤寂身影。

　　文炎的筆，就像楚浮電影的鏡頭，帶著我們去尋找每一個「問題小孩」生命中最幽微的地方，例如：為什麼小權身上的衣服總是有一股很重的霉味？為什麼小安會急於掙脫家庭與學校，只為了要能趕快出外賺錢？為什麼小玲會不顧一

切努力讀書，只爲了要考上台大法律系？除了帶領我們走進孩子的世界外，在書中，我們也看見這些弱勢家長的困境，例如在「揪心」中的家長，究竟是有多麼樣的無力，才會選擇將自己生命中的最後一通電話打給社福機構的督導？在這一則則的故事中，文炎用自身生命經驗所淬煉出的敏感度，爲我們撕掉現實社會裡一道又一道的標籤，讓我們看見每個個案背後都是一個個活生生、有溫度的個體，而他們又是如何在拿著滿手爛牌的人生場上，努力又無奈地跟著自己的命運搏鬥。

但是，身爲一個極爲資深的社會工作者，文炎並不甘於只是告訴我們如何避免成爲「有幸福童年的大人有什麼資格評論這些小孩的行爲與價值呢？」的大人。他總是試圖透過文章後的「警示金句」，考驗身爲讀者的我們，是否有認眞注意到，作爲一個專業助人者的他，是用什麼樣的方式來協助與引導孩子、家長度過一次又一次的困境？這樣的寫作方式，不啻於是將原本只是單純看著書的我們一併拉入了書中，提醒著我們，當我們在與孩子相處時，該留心什麼？注意什麼？因爲就算我們不是助人的社會工作者，但我們也可

能隨時都有機會成爲「那個孩子」的重要他人，而這個時候，書中那些看起來既簡單又深奧的社會工作注意要點，就成爲了我們須格外留心注意的學習技巧。

　　然而文炎的筆總不會只是走馬於此。當我們以爲從物質、教育改善了孩子的生活就是脫貧服務的最終成果時，文炎用他自身的經歷告訴我們，經濟脫貧往往只是弱勢孩子脫貧歷程的另一個開端，往後孩子需要面對是更多有關心理、自信感的「脫貧」。

　　也許誠如文炎說，我們永遠不知道貧窮這堵牆有多高，也不知道能不能幫助孩子成功翻抵牆的另外一邊。然而，身爲助人者的我們知道，我們只能持續的幫助弱勢孩子不斷的往上爬，也許有一天，等他們眞的爬的夠高，我們就再也不用擔心他們會從牆上掉落下來。而也許會有一天，他們會願意回到牆下，幫助跟曾經的他一樣的孩子，而這會不會才是所謂脫貧歷程的終點呢？

每個人都有一條堅持要走的路

推薦序

周大堯｜家扶基金會執行長

　　當得知博幼基金會吳文炎先生再一次將其服務人生的歷程點滴連結出版為新作品時，心裡頭真的為他高興，因為這並不是一件容易做好的事。畢竟身為助人工作者，每天要接觸到的人與事不少，經年累月下來，所接觸的服務對象林林總總，每個人都有個人專屬的心情故事，助人者在聆聽、對話以及行動協助的過程裡，要處理與面對的課題很多，而且舊的個案正在處理中，新的個案又一個一個的接進來，要把每個案例做好整理並理出脈絡，就是一項大工程。同時也對文炎一直以來堅持的毅力所感動，我知道他從個案中看到許多機會與希望，更重要的是，可以不斷反思自己服務人生歷程的能量，更堅定一條繼續要走的路。

　　書裡提到的案例，多是成長於偏鄉環境的貧童，台灣這些年來經濟發展讓社會面貌在改變，但偏鄉孩子的資源一

直無法趕上都會地區孩童是事實。政策上儘管強調多元發展，每個孩子都有適合他發展的方式，不過有許多案例告訴我們，除非是有特殊才藝被看見培育，否則在一般條件情形下，「教育」還是能讓大部份貧童能翻轉人生的最主要途徑。這本書裡也提到幾個案例，從作者及當事人視角去解讀，發展出不同的人生。

在先天資源不足及經濟條件較弱的情況下，這群弱勢的孩子在成長路上一定比其他同學更辛苦，若想翻轉人生，就需比別人更努力千百倍的決心與毅力。很佩服作者吳文炎每隔一段時日就能透過文字，藉著許多案例的不同層面去檢視我們所定義的服務價值，從實務中反推對學理的理解，並向讀者提出詢問以尋求每個人內心裡的答案。雖然全書各小節多在講述不同服務案例在經歷某個過程中的節點，進而從中發現值得玩味的小主題，提出來跟讀者們一同分享。事實上，這裡面有許多是我們日常生活裡經常會面對到的話題。同時，全書的每個小故事看似獨立寫作，實則藉著每則故事的連串並交互對話，讓讀者在字裡行間閱讀時將無法避免的

想到自己的情況，會讓我們有興趣翻閱完並去想想究竟有哪些是我們做太多或著疏忽遺漏掉的事情。

閱讀這本書時，腦海裡很容易不斷回想過往許多接觸過的弱勢孩子影像。只是多數工作者都是在執行協助、處理這些孩子生活上遭遇的事情，提供課程、物資或一些金錢補助，都是最常運用的方式，哪一種方式對這些孩子的效益最好，從書中的案例告訴我們，應該沒有絕對的答案，很多工作者都期待能在一定期間內就能改善這些孩子的環境，但很容易忘記每個孩子內在的訊息，或者只是已讀不回的心態，就沒辦法真正探索到問題核心了。

我發現文炎的寫作喜歡以作者第一人稱角度，來觀察服務案例中許多有趣或者值得深思的課題，而且試著從裡頭找出不凡的意義。我很喜歡文章裡描述許多鄉土情懷的小故事，像是雲林蒜頭還有家訪時的服裝儀容到對話點滴等，那種述說很直白卻很夠力，會讓讀者腦海裡產生許多畫面，也增添了許多話題。畢竟面對的案例類型態太多元了，要將這

麼多小故事作有系統整理，且按照脈絡把這些主角們的許多談話及動作小細節呈現，這真的要花許多心思彙整才行。

由於同為資深兒少福利服務工作者，書中描述的許多意境很容易感受，很欽佩的是儘管在字裡行間裡並不會帶出深奧的哲理，而是採用大量案例來擴充服務中的萬千變化及酸甜苦辣，讓讀者更清楚認識弱勢孩子的艱辛人生路，同時也感受作者在工作中所散發出的社會情懷。

本書各故事間雖然各自獨立但依然能夠連貫閱讀，讓我印象很深刻的一篇是「揪心」，與本書其他小故事最大的不同，在於那是一段足以讓生命轉向的關鍵點，為什麼那位小安媽媽要特別打電話給督導交代事情呢？這不僅是緣於專業上的信任關係，更應該說是平日早已默默搭建好的囑託感。當一個人走投無路時會先想到誰，尤其是回到二○○四年那個網路資訊不算發達的時候，一通電話傳來的訊息，因為瞬間提醒的專業敏感度，真的可以改變一個人，還有一個家庭。每位助人工作者，一生中有幾個案例可以如此信任你

呢！在現今求助資訊管道更多元的時代，助人者最根本的價值依然不會改變，個案仍在學習成長，助人者當然也不斷學習充能。

　　作者服務的博幼基金會，長期以來深耕弱勢家庭學童課業輔導工作，所以本書多數案例都是從課輔過程裡觸動到的某些環節說起。這些年來，也看到很多有感而發的例子，在服務過程中，作者不只一次的回想起自己過往的歲月，不論是展望未來，或是在療癒過去。看到的是，每個人都在進行一條堅持的路徑。助人者的力量還是很有限，多數時刻是，有一天個案自己終於悟出盲點並讓其撥雲見日，只是細微處真的有許多事情關鍵點，留意到了就能順水推舟，一步一腳印的帶著個案逐漸自立成長。

　　本書最後提到作者參加家扶基金會七十周年國際研討會的事情，每個人成長的歷程一定有許多值得說出來的經驗，很高興作者文炎受邀分享從幼時到現在，漫長歲月的很多記憶點，每位助人者都是盼望曾經協助過的孩子快樂的成長，

而且是來自心靈上的眞正快樂。無論是家扶、還是博幼,我相信我們都一直堅持走在這條路上,陪伴許許多多有需要的孩子,並串起每一個生命故事。

這本書值得推薦給每一位家長一塊兒閱讀。

推薦序

宋芳綺｜樂學齋出版社社長

　　人生是一條漫長的路，每一個人的步履前行時，都會有一個方向。在探索人生方向的過程，有些人東觸西碰、迂迴裹足；也有人目標堅定、勇往直前。文炎便是屬於後者。

　　大多數人，希求的人生之旅是平坦順遂，能為自身創造更多現實利益。文炎選擇的卻是一條崎嶇不平、歷經艱辛的道途。那是一份社會使命感和對弱勢者難以捨棄的疼惜。

　　從文炎的第一本書《尋味─你沒有走過的社工路》，接著《解鎖─我的火火社工路》、《添翼─培力與轉變的社工路》，到即將出版的新書《跡履─每個人都有一條堅持要走的路》，可以看出文炎一路走來的堅持，對弱勢孩子的關懷與付出。雖說是社會工作者的紀實，更是對社會大眾的呼籲，希望幽微角落的身影被看見、被關注。

　　從事社會工作需要勇氣和大愛，需要義無反顧的決心。文炎用他的筆抒發他的情，透過文字傳遞動人的訊息。期待，這本書再次為功利的社會掀起溫暖的漣漪，誘發更多美善的共鳴。

自序

吳文炎

您知道我在從事社會工作過程中尋找的答案是甚麼嗎？

　　一九九九年八月退伍之後的我就在台中找工作，一開始本來沒有打算找社工的工作，但是經過三個多月的求職不順之後，最後還是認清自己其實是沒有賺大錢的能力與本事，只好放棄了賺大錢的夢想，為求溫飽還是找到一份穩定的工作比較實際。於是在這樣的狀況之下幸運地找到一份社工的穩定工作，開始了我的社會工作旅程，這一趟旅程現在已經超過了二十年，因為一開始不是很心甘情願地從事社會工作，因此我經常在尋找一個答案，那就是為什麼我要做社會工作，看過《尋味－你沒有走過的社工路》一書中就有我的成長經驗與經歷，看完這些經驗與經歷之後，相信讀者就比較容易理解我的脈絡與想法，也更能同理我不想從事社會工作的原因了。

我無時無刻都在尋找從事社會工作的意義

社會工作是一項集合「錢少、事多、工作辛苦、社會地位不高」諸多特色於一身的工作,這些特色我早在進大學第一個月就再清楚不過了,這也是我很早就立志不當社工的主因,但是迫於現實的無奈還是必須從事社會工作,賺不到大錢既然已經是既定事實,那麼社會工作是否至少要讓我有工作的成就感呢?如果它連成就感都無法讓我滿足,無法滿足我對它的期待,那麼我怎麼還有動力從事社會工作呢?因此這二十多年來我無時無刻都在尋找從事社會工作的意義。

督導,你為什麼還不走呢?

曾經有一位博幼基金會即將離職的社工員問了我一個問題,她說:「督導,你為什麼還不走呢?」大概是她看到我在課輔初期每天為了應付從上到下各式各樣的狀況,每天都忙到焦頭爛額,怎麼還不打算離職呢?其實,我是一個常常想離職的人,尤其是當工作不順利的時候,覺得工作沒有成效與成就感的時候更是如此,可是每當想到離職之後,這段時日的堅持與做法可能會馬上消失殆盡,好不容易帶起來的

這些弱勢孩子就要送給別人了，下一位督導能夠將他們照顧得一樣好嗎？這其實是我最擔心的事情，也是我最難放下的原因。不是我很自大，是因為我覺得跟孩子與家長的關係還不錯，我自認在埔里中心擔任督導期間表現還不錯，因為有一次我還接到家長準備自殺，打了「託孤」的電話，我不知道別人如何看待這件事情，但是至少我覺得我可以成為家長託孤的對象，至少我的表現算不錯了！而且最後我們順利的救下這位長期被憂鬱症困擾與折磨的單親媽媽，避免了一個家庭的破碎。

我還沒有看到我想看到的答案

因為這些因素，所以我回答那位社工員說：「因為我還沒有看到我想看到的答案（課輔的成效），我怕我一離開就永遠看不到了，所以我選擇繼續留下來。」

這麼多年過去，很多當初服務的小孩都長大了，我把這些故事寫下來，而當初的答案或許就在這些故事當中了吧！

目次

每個人都有一條堅持要走的路

保
證

「請問博幼的督導，你可以保證我的學生去參加課輔之後不會被帶壞嗎？」

　　二○○四年五月一個炎熱的午後，在我花了四十分鐘說明博幼基金會的課業輔導執行方式與希望學校導師推薦的學生（經濟弱勢家庭的學生）類型之後，一位女老師問了下面這個問題，「請問博幼的督導，你可以保證我的學生去參加課輔之後不會被帶壞嗎？」此話一出，炎熱的五月天瞬間下降至少五度，學校的主任都倒抽一口氣，只能尷尬地對著我笑，而我也愣了五秒看著那位女老師。如果是您，您要如何回答呢？當時博幼基金會在南投縣埔里鎮的課輔剛剛開始第二年，沒有任何名氣與口碑，第一次大規模收國小高年級的學生，在沒有任何成效與成果之前，許多的制度也尚未建立的情況之下，如何向老師保證呢？

督導，○○國小課輔說明會那天你會說明吧！

雖然我有預期第一次正式到國小辦課輔說明會，老師必然會有很多問題，但是第一個問題就如此直接與犀利還是出乎我的意料之外，難怪社工員一直很緊張，會議前三天就不斷問我：「督導，○○國小課輔說明會那天你會說明吧！」原來是他早有耳聞該校的老師對學生參加課業輔導有很多疑慮與擔心，此時我才恍然大悟！但是，這個問題恐怕是避無可避了，因為如果不回答或是回答得不好，直接影響的就是老師推薦學生的意願，所以我必須很認真與正式的回答這個問題。

我要怎麼跟老師畫一個根本不知道長得如何的「大餅」呢？

這個問題其實不好回答，因為課業輔導剛開始起步，很多的執行策略與方法都還在摸索階段，說實在話到底會不會有效果，以及會有多大效果我們自己也不知道，因為當時像博幼基金會這樣做課業輔導的社福機構幾乎沒有，完全沒有參考與取經的對象，一切都必須靠我們自己土法煉鋼，自己摸索與建構，時間也還不長，根本沒有成效可以拿出來，所

以我要怎麼跟老師畫一個我根本不知道長得如何的「大餅」呢？如果我真的畫出來了，那我是不是在騙老師呢？可是如果我不為自己說好話，告訴老師擔心的事情絕對不會發生，那麼老師會不會就不推薦學生呢？

社會工作專業的訓練

在這樣的兩難之下，社會工作專業的訓練讓我很快的就知道該如何應對了，我告訴老師我可以理解老師的擔心，因為畢竟課輔班有來自埔里十幾個學校的國中與國小學生，成員多且都是來自經濟弱勢家庭，這麼多弱勢學生聚在一起，一旦管理不當難免就容易產生一些問題，的確有可能未蒙其利，卻先受其害。因此針對這個部分我跟老師說明課輔進行的方式與預防的措施，也請教老師根據多年豐富的教學經驗有沒有好的建議可以提醒我們，也需要請老師密切與我們配合，一起來協助弱勢家庭的學生。

我們都帶著期待與相信的信念

另外我也跟老師說，老師會這樣問一定也對課輔班有期

待，因爲如果老師沒有期待，那麼老師根本不會問這個問題，課輔工作本身就是一種期待的工作，我們都帶著期待與相信的信念，期待與相信可以透過教育協助弱勢家庭學生脫離貧窮與犯罪的信念，所以老師跟我們有一樣的信念，也有一樣的目標，我們都希望弱勢家庭的學生更好，我們也都害怕與擔心他們會學壞，所以我們有高度相似的信念，我們應該一起合作達成我們共同的目標。

請老師衡量您的擔心與期待哪一個比較大

所以我告訴那位老師：「我不能跟您保證您的學生一定不會被帶壞（有時候誰帶壞誰都很難搞得清楚），因爲如果我拍胸脯跟您保證，那我就是在騙你，現在我只能請老師衡量您的擔心與期待哪一個比較大。如果您的擔心大於期待，那麼請您不要推薦您的學生參加課輔，請您觀望，看看別的學生參加課輔之後有沒有進步，有沒有被帶壞；但是如果您的期待是大於擔心，那歡迎老師將學生推薦給我們，我們一起努力協助學生進步，一起協助弱勢的孩子脫離貧窮與犯罪。」

觀望了一年之後

　　這位老師聽完我的回答之後顯然還是擔心大於期待，因此這位老師當年並沒有推薦學生來參加課輔，但是觀望了一年之後，老師就開始推薦學生來課輔了，而我們也不負所望的將他的學生教得不錯（其實他的學生反而是我們比較頭痛的），也跟這位老師合作得很愉快。

任何一個決定都是有風險的

　　做任何一個決定都是有風險的，很多事情其實是沒有誰可以保證的，社會工作是一項希望可以帶來好的改變的工作，也是希望服務對象可以更幸福的專業，雖然服務過程還是會有一定的風險，但是同樣的我們也會有期待，我的工作是找出可以讓服務對象與其家人及老師可以提高期待的服務方法與策略，而不是欺騙他們我可以保證不會有風險。

　　如果是你會如何回答老師的問題呢？

木馬

遇到不想合作但卻有需求課業輔導的學校時，你會如何解決問題呢？

　　二〇〇四年當博幼基金會決定從國中學生的課業輔導向下延伸至國小高年級之後，身為埔里中心督導的我就全面拜訪埔里鎮上的十四個國小，有部分學校校長非常支持，也覺得這樣的服務對於當時埔里的弱勢學生來說非常需要，不過因為博幼基金會的課業輔導剛剛起步，因此也有部分拜訪的國小校長與主任抱持觀望的態度，而只有少數幾所學校的校長明確表示不需要這樣的社會資源，學校的場地空間也沒有多餘可以借給基金會當作課輔教室，甚至我印象有位校長說他們學校沒有需要課業輔導的弱勢學生…等，當然聽得出來這位校長很明顯是抱持者多一事不如少一事的態度，因為這個學校根據我們前一年服務國中的資料顯示，該學區內有一兩個社區有著為數不少的弱勢學生，讓國中端的老師相當頭

痛，尤其是程度落後與行爲問題，而這兩者幾乎是與大部分弱勢學生共生的存在，所以顯然不是沒有需求，但是明明知道這樣的狀況也不好意思直接戳破校長的謊言嘛！

木馬屠城記

透過與學校合作共同服務弱勢學生是博幼基金會最普遍的使用方式，同時也是最有效率的方法，但是卻不是唯一的辦法，因爲上述這個學校的不合作狀況，我們研究出另外一種合作的方式，這個方式後來我把他稱之爲－木馬屠城記。

弟弟可不可以跟我留在課輔班寫作業

相信看到木馬屠城記大家都不陌生，也很容易理解這個方法的重點，重點就是如何滲透至敵方陣營，同樣用在課業輔導的拓展方面依舊可行。因爲學校校長不願意跟基金會合作課業輔導，而他最主要的理由就是該校沒有需求，所以不願意讓我們到學校去開「課輔說明會」，跟導師說明課輔要服務的對象與服務的方式，同時請導師推薦班上有需求的弱勢學生，因此我們沒有辦法獲得弱勢學生的資料，也就沒有

辦法進行家訪找到有服務需求的弱勢學生。後來因為有一天一位課輔的國中生小慈突然很靦腆地跑來小聲地問我說：「督導，不好意思，我媽媽請我問你今天晚上我弟弟可不可以跟我一起待在課輔班，因為爸爸媽媽今天臨時在山上工作，趕不及回來，家裡住得很遠，又沒有人在，弟弟也沒有辦法自己走回家，所以弟弟可不可以跟我留在課輔班寫作業，我保證他不會吵鬧！」

每次這種時候我都會覺得自己沒有去做壞人真是太可惜了！

　　我聽完就一口答應讓弟弟留在課輔班寫作業，順便問了一下弟弟幾年級？念哪一個國小？結果小慈跟我說弟弟念小六，念○○國小，結果我一聽就是那個不願意合作的學校，於是我就想到了一個自己的大疏忽，已經在課輔班的國中生有很多都有弟弟妹妹，而這些弟弟妹妹當然也需要課輔，而我怎麼會漏掉這麼重要的事情呢？現在回想起來當時真是太年輕了，太不知道要迂迴轉彎了！不過因為這個契機，我馬上就想到突破點了，心生一計，露出了奸臣才有的微笑，每次這種時候我都會覺得自己沒有去做壞人真是太可惜了！因

為我都會有一些小聰明去對付一些該積極做事卻只願自掃門前雪的「不作為者」，因為這些不作為者有時候比壞人更可惡，所以我寧願選擇做壞人來對付這些不作為的人。

一代又一代的複製著弱勢家庭的困境

後來我就請社工員跟小慈的家長聯絡，問家長願不願意讓小慈的弟弟來參加課輔，而小慈的家長非常高興弟弟也可以參加課輔，之前因為學校沒有發報名表，所以也沒有辦法報名，其實家長也很希望弟弟能來參加課輔，因為小慈的父母都只有國中畢業，而且成績不好，根本沒有辦法教孩子功課，加上只能打零工，常常都要早出晚歸，甚至有時還要在山上過夜，為了三餐根本沒有能力與時間好好照顧孩子，更不用說教孩子功課，這幾乎是大部分弱勢家庭的日常寫照，每一天都在上演，一代又一代的複製著弱勢家庭的困境，就像在漆黑的隧道根本看不到盡頭的光一般令人沮喪。

報告該校學生在課輔的表現狀況

而因為小慈的弟弟參加課輔了，因此我們的社工員就可

以名正言順地拜訪學校導師，讓導師知道課輔的服務與做法了，也趁機請導師推薦同樣有需求的弱勢學生，並且也透過這位導師讓其他班級的導師也了解課輔的服務與對象，因此很快的這個學校一學期之後服務的人數就超過二十位，同時也因為很多學生參加課輔，所以每學期我們都去拜訪校長與主任，報告該校學生在課輔的表現狀況，同時也會製作一份整個中心的執行報告及該校學生成績進步的資料，讓學校可以很清楚的知道學生在課輔班的表現與狀況，看到這些整理的資料之後，這位校長就不再提沒有需求這件事情了，後來也合作得還算愉快。

我們面對的是各式各樣的挑戰與不作為

　　這件事情讓我們學習到很多的經驗，後來我們也在不同地方經歷過類似的事情，所幸大部分都圓滿解決了，這個經驗也讓我體會到社會工作的方法是多變的，也真的是一門藝術，同時也是需要變通的，因為我們面對的是各式各樣的挑戰與不作為，而這些人又常常都是握有權力的人，如何在這些握有權力的人手上爭取弱勢者的權益是一項艱難的任務，

它需要不只是一副助人的熱忱與滿腔熱血就足夠，還需要有方法與技巧促成好事，這些都是成為一位社會工作者必須具備的能力，而這些僅靠學校的專業訓練恐怕是不太足夠的，還需要自己在實作當中累積經驗與方法。

所以，遇到不想合作但卻有需求課業輔導的學校時，你知道如何解決問題了嗎？

導師

遇到總是沒空，甚至避不見面，不願意讓社工員校訪的導師怎麼辦呢？

　　二○○三年當博幼基金會開始在南投的埔里鎮開始提供課業輔導之後，一切的課輔制度幾乎都是從頭摸索與土法煉鋼，而課輔學生的來源主要是透過學校老師的推薦，因此課輔初期經常遇到各式各樣的困難，然而也因為這些困難才會有一直改進的需要與動力，因此初期的那幾年，每一個學期都會檢討課業輔導的做法與規定，檢討完畢之後就會馬上適用新的規定與做法。更新的速度都是非常快速，更新的幅度也經常都是非常巨大的，雖然大家一開始都很不能適應而有諸多抱怨，但是後來發現改變的效果很顯著，原本的做法的確有著很大改進的空間，雖然改變的過程異常地辛苦，但是改變之後的結果卻讓課業輔導的效果越來越好，慢慢地不斷的改進與改變就成為博幼基金會課業輔導的特色了。因此當

年我們的同事們常常開玩笑地說：「只有變，才是博幼唯一不變的東西。」

很多學校老師都會幫忙叮嚀學生要按時參加課輔

一開始課輔服務之後，多數的導師都很願意提供協助，很多學校老師都會幫忙叮嚀學生要按時參加課輔，甚至有老師與校長親自到課輔班來參觀，看看學生有沒有認真上課，這些舉動都讓課輔的服務順利不少，也讓課輔的學生體會到學校校長與老師對課輔的重視與支持，因此課輔初期雖然我們的經驗與能力都很不足，專業度也不夠，但是因為很多學校的支持讓課輔班可以在跌跌撞撞之下，慢慢累積經驗與能力，一步步走向專業化。

要解決問題前就必須先收集足夠的資料

每次月考之後社工員都必須到學校去拜訪導師詢問課輔學生的月考成績，同時了解學生在學校的人際關係與學習狀況，這件事情以社會工作的角度看似再正常不過了，因為要解決問題前就必須先收集足夠的資料，有了足夠的資料之後

社工人員才能做完整的評估，才不容易做出不適當的評估與訂定不合適的處遇計畫，如此才可能將個案與家庭的風險降低或問題解決，因此收集資料絕對是社會工作最基礎且重要的工作。但是要做到收集足夠的資料就必須從多方面取得資訊，而對於導師來說每個一～二個月就會有社工員來詢問學生的狀況無疑是會增加老師的工作量的，因此在沒有具體成效之前一直要麻煩導師提供很多資訊或協助，自然就會有極少數的導師不太願意配合與協助了。

我們必須認知到導師其實沒有義務要幫忙基金會

　　有一次當我在跟社工員開例行的組別會議時，社工員宛庭提出了這個困擾她一段時間的問題，有一位導師怎麼樣都約不到時間校訪，同時也告訴宛庭，學生小蕙都沒有問題，因此不需要浪費時間到學校去找他，但是宛庭說小蕙明明問題就很多，在學校也常常闖禍，家庭問題也很嚴重，怎麼老師一直拒絕社工員校訪呢？當場也有其他社工員提出類似的狀況，感覺有一小部分導師覺得校訪是在打擾他們，增加導師的工作，因此出現抗拒的現象。於是我們經過一段時間的

討論之後，我發現我們應該站在導師的角度來看「校訪」這件事情，首先我們必須承認校訪的確是會增加導師的工作與負擔，因此我們必須認知導師其實沒有義務要幫忙基金會，導師願意幫忙其實是看在學生的面子上，希望參加課輔的學生更好，因此我們的態度應該要感謝導師的協助，對於不願意幫忙的導師也不應該覺得有所怨恨才對。

基金會有甚麼東西或資訊是導師需要的呢？

其次既然是我們麻煩老師幫忙，那麼我們是否也該給予導師一些回饋，而送禮是不可能的，那麼基金會有甚麼東西或資訊是導師需要的呢？如果社工員可以先帶一些導師想要的東西或資訊給導師，再詢問社工想要知道的資訊，這樣是否就不只是一味的麻煩導師，增加導師的工作量呢？於是我們想出了一個方法就是在校訪導師時先跟導師報告學生在課輔班的學習與行為等各項狀況，同時也讓導師知道課輔學生的家庭狀況，讓導師更了解課輔學生及其家庭，更能理解與協助學生。因為多數學校老師對學生的家庭狀況了解有限，而這部分是社會工作的強項，而且多數老師都很願意幫助學

生，但是因為不夠了解，不知道需求，因此常常無法知道需求，也就很難主動提供協助，甚至很多時候因為對學生與其家庭的不了解，而會出現誤解的狀況。因此基金會的社工員提供相關的資訊給學校與導師，可以讓更多資源一起來協助這些弱勢家庭與學生。而約導師的時候就不再只是要跟導師要資料，而是我們要將課輔學生的學習、行為與家庭狀況跟導師報告，對於導師來說，因為學生參加課輔，導師可以更了解學生與家庭，也更能幫助學生與家庭獲得需要的資源，而不再只是將資訊提供給社工員而已了，導師也獲得需要的資訊。

危機常常也是轉機

　　因為這樣的調整，我們解決了校訪導師不順利的問題，同時也將訊息流通在課輔學生與家庭的周邊資源，讓更多資源共同一起來參與協助弱勢家庭與學生，也讓資源更完整與豐富化，同時也解決了原本碰到的困境，所以危機常常也是轉機，如果沒有這些不配合的導師，我們就很難將服務改進，也很難做得更好，所以我們是不是該感謝這些導師呢？

每個人都有一條堅持要走的路

難
過

督導，我家訪完之後覺得好難過，好心疼，覺得人生好不公平，覺得好挫折。

　　阿美（化名）是我在埔里擔任督導時的社工員，她是一位很特別的社工員，因爲她是學體育的，跟社會工作完全沾不上邊，但她之前是某一個身心障礙機構的特教助理老師，小時候是低收入戶，是原住民，加上積極的個性與特質，這四個因素讓我覺得這個人可以用，於是我獨排眾議錄取阿美。雖然身旁的人大多不看好，但是，我對自己的判斷一向有些許的信心，經過時間的證明，阿美也沒有讓我看走眼，阿美後來成爲博幼基金會的督導。

雖然我們手上沒有一手好牌

　　阿美完全就是一個社會工作門外漢，但是當時博幼剛起步沒多久，也很難吸引專業的人才願意到埔里工作，因此在

這樣的機會下反而有時間從頭訓練員工，當時我心裡的打算是非社工相關科系的社工員至少需要訓練一年的時間才能上手，剛畢業的相關科系的社工員則只需要半年即可上手，一開始博幼沒沒無聞的那十年當中，這樣的狀況早就是我們的日常與覺悟了。雖然我們手上沒有一手好牌，但厲害的人是將手上的牌做最好的安排，打出最沒有遺憾的結局，這樣的道理不論是用在社工員身上或是案主身上都是一體適用的，而社工的專業價值就是在此處顯現的。

而在這樣的脈絡底下，有一天阿美家訪回來之後明顯的心情低落，在報告完家訪內容與評估開案與否結束之後，阿美眼眶泛紅的跟我說：「督導，我家訪完之後覺得好難過，覺得好心疼，覺得人生好不公平，覺得好挫折。」他看到弱勢家庭的生活讓她覺得難過，為什麼時代已經如此進步，二〇〇六年的埔里還是有弱勢者過著家裡沒有自來水，沒有電的日子，甚至沒有門牌，房子只是一些木板與鐵皮拼湊而成的「盒子」，他替孩子感到心疼，他覺得人生好不公平，同樣是人，同樣住在台灣，卻過著完全不同的生活，為什麼這些孩子要遭受這樣的對待，這個社會真是太不公平了！

你以為孩子是今天才過這樣的生活嗎？

　　這時身為一個督導，我該如何回應社工員呢？我是一個思考方式很奇怪的人，我也很不會安慰人，尤其是部屬，因為我是一個很兇，脾氣很差的督導，於是我用了我一貫的手法回應阿美，我跟阿美說：「你為什麼要感到難過呢？難道你以為孩子是今天才過這樣的生活嗎？你沒有發現，孩子就沒有這些遭遇了嗎？」阿美說：「當然不是，就是因為今天才發現，所以我更心疼孩子！」接著我說：「今天以前，孩子過的生活與遭遇都已經發生了，誰都無法改變，但是，今天過後，你覺得會跟今天之前有甚麼不一樣？」阿美聽不懂我的意思，於是她茫然地看著我，眼神中透漏著希望我告訴他答案，於是我提示她孩子今天多認識了誰？她才意識到我說的就是博幼基金會與我們，於是我解釋給阿美聽：「今天孩子的一家認識了博幼基金會，經過我們剛剛的評估決定開案，因此這個孩子可以開始參加課輔，可以好好讀書，功課有人指導；加上這個孩子很想讀書，也很用功，雖然目前只是中等程度，但是她的功課一定可以越來越好，而她的未來很有希望靠教育脫離貧窮與犯罪，所以他們一家的未來越來

越有希望。因此，你有甚麼好難過的呢？我反而覺得你應該替他們一家感到高興與充滿希望才對吧！」

你知道為什麼他們一家的未來可以充滿希望嗎？

阿美聽我這麼一說有點愣住了，覺得有點怪怪的，但似乎更覺得我說得有道理，完全無法反駁，點了點頭的笑了，似乎也在為孩子一家的未來感到興奮。最後我再加一句：「你知道為什麼他們一家的未來可以充滿希望嗎？那都是因為你們（社工員）的出現，因為你們的出現帶來好的改變，讓他們一家可以對未來重拾信心與目標，讓願意努力的孩子可以好好安心讀書。既然如此，你有甚麼好難過的呢？你應該為自己做過的事情感到驕傲才對，不是嗎？」

後來這個孩子的成績從中等進步到前三名，考上公立高中，也順利考上國立大學，畢業之後回到博幼基金會擔任了好幾年的數學專職教師，現在考上郵局特考，在郵局上班了，所以難道阿美當年不該為孩子的未來感到高興嗎？

家訪

如何順利地猜出弱勢家長是哪裡人呢？

　　二〇〇三年的七月是個酷熱的夏天，又濕又熱的埔里讓我在博幼基金會第一個暑假過得異常難忘，沒有經驗可以參考，一切靠自己土法煉鋼的摸索解決的方法，充滿變動的每一天，都有令人措手不及的意外不斷發生，每天都在危機處理，讓我彷彿回到當兵的時候一樣充滿變動與意外，永遠不知道下一刻會發生甚麼時事情，可是明明我已經退伍超過三年了，怎麼還有如此熟悉的感覺呢？原來是緊張刺激的高度壓力回來了，還好這對當過兵，擔任過班長的我來說沒有太多的問題，甚至當時還很享受每天很充實的生活，不過對於剛畢業的社工員小戴來說就有很大的壓力了。

當時很多人都不願意進到埔里當社工

　　小戴是我大學的學妹，因為她最要好的同學小欣社工實

習的機構實習督導是我，因此當我到博幼基金會擔任督導時就請他們兩位在畢業前到基金會來做兼職的社工員，畢業之後就直接在基金會擔任社工員，當時很多人都不願意進到埔里當社工，因此在基金會草創時期很感謝小欣與小戴兩肋插刀，每週坐車從台中沙鹿進埔里幫忙三天，一路走來真的叫做篳路藍縷，萬般艱辛。

督導，你可以跟我去組合屋訪一位爸爸嗎？

當時因為人力不足，所以大部分開案的家庭訪問都是社工員或督導一個人去，現在想想都覺得很危險，只有特殊的狀況會兩個人一起去家訪，後來基金會人力比較充足之後就規定開案家訪必須兩人一起去家訪，這樣比較安全，一旦有任何狀況才能因應，才能避免不該發生的事情發生。因此當小戴充滿歉意且小聲的問我：「督導，你可以跟我去組合屋訪一位爸爸嗎？」我的直覺反應就是這個家庭恐怕不簡單，而且小戴聯絡家訪時只能訪談學生的爸爸，因為媽媽是泰國籍的新住民，不太會說國語，比較會說台語，也不識字，而爸爸講話很大聲，聽起來脾氣很不好的樣子，讓小戴心生畏

懼，加上又是住組合屋，所以只好請我跟他一起去家訪，而我也覺得一起去比較安全，至少有任何狀況我還可以抵擋一下（雖然可能小題大作，但預防工作總不能輕忽嘛！）。

沒有能力搬走的，是弱勢中的弱勢

因爲當時埔里鎮上的組合屋已經拆得只剩兩個地方了，同時已經有一半的組合屋已經沒有人居住了，而有經驗的人才知道組合屋都是給災民住的，搬走的那一半多半是狀況比較好的，可以換到其他地方居住，而留下來的這一半則是相對弱勢的家庭，沒有能力搬走的，是弱勢中的弱勢；同時組合屋如果住滿人根本不可怕，比較可怕的是只住一半，因爲你根本不知道原本沒有住人的組合屋內可能會突然出現甚麼動物或人，可能會有吸毒的人躲在空的組合屋內吸毒，因此組合屋並不是很安全的地方。

他只穿著一件無袖的汗衫與四角內褲就接受我們的家庭訪問

下午三點左右到了案家之後發現組合屋內溫度超過攝氏三十五度，比戶外還熱，裡面只有一台吹著熱風的電扇，裡

面就像蒸氣烤箱一樣讓人一進門汗就像用噴的一樣冒出來，而個案的爸爸有著約一七五公分的身高，但卻有大概一二〇公斤的體重，一看就知道是做粗重工作的人，方圓大臉上有不少的鬍渣，紅紅的口中嚼著檳榔，但牙齒已經掉了好幾顆，說話時只看到發黑的零星幾顆牙齒，而因爲天氣太熱了，所以他只穿著一件無袖的汗衫與四角內褲就接受我們的家庭訪問。

聊著只有雲林出外人才能懂的特殊鄉愁

看到這位爸爸之後我就慶幸我跟小戴一起去家訪，我都可以想像如果小戴自己去家訪不知道敢不敢進門呢？如果敢進門可以堅持幾分鐘呢？不過雖然這位爸爸看起來有點可怕，一開始的訪談不是很順利，爸爸對於很多資訊有諸多保留，不願意正面回應，而在跟他訪談的同時，我很快地發現他的身上有一股讓我莫名又不敢確定的熟悉感，直到詢問爸爸的基本資料時我才在一個小細節上發現端倪，那時我才確定那股熟悉感的來源，原來我們來自同一個故鄉 -雲林的海邊，於是我就直接問他是不是雲林海邊的人？他一聽我這樣

問就愣了一下，很驚訝的問我是怎麼知道的，然後才說出他的故鄉是口湖鄉，我就說我的老家在四湖鄉，與口湖鄉是隔壁鄉鎮，而我媽媽的娘家也在口湖鄉，所以我們也算是同鄉。一聽到是同鄉他的防衛心立刻卸下，我們聊著共同的故鄉，共同的離鄉背井，頓時我們就像認識多年的故友一般開話家常，感嘆離鄉背井的生活不易，聊著只有雲林出外人才能懂的特殊鄉愁，一種被迫離鄉背井的哀愁，而他對於我們的提問也幾乎毫無保留的有問必答，讓我們的家訪工作異常順利。

　　五點多離開案家的時候雖然天氣依舊很炎熱，全身早已因為流汗濕透，但是我的心情卻異常的滿足與豐富，因為我很開心遇到了同鄉，就像是他鄉遇故知一般興奮，同時也順利的完成原本覺得難度很高的家訪，有甚麼比這兩件事情一起出現更讓雲林的出外人開心的呢？

督導，督導，你到底是怎麼猜到他是雲林海邊的人的啊！

　　家訪的時候社工人員的觀察能力很重要，常常很多細微的地方都是關鍵，透過細微的觀察就更容易知道很多別人看

不出來的訊息，有了這些訊息就更容易了解案家的脈絡，也更容易找到共同的話題與關係，當然更容易與服務對象建立關係。離開案家之後小戴就迫不及待的問我：「督導，督導，你到底是怎麼猜到他是雲林海邊的人的啊！太厲害了！趕快告訴我！」這時我就故意裝作一副高人的模樣跟小戴說：「其實發現的關鍵在於爸爸的身分證字號開頭的英文字母 P，看到 P 就知道是出生在雲林縣，加上他的口音有一點海口腔，雖然已經沒有那麼純正，但仔細聽還是可以分辨出來，於是我就知道他是雲林海邊的人了。」聰明的看倌，您猜到了嗎？

送禮

案家送禮物給社工員，社工員該不該收下？

二〇〇三年開始課輔之後，因爲社工員不足，因此我（社工督導）也常常帶著社工員去案家家訪，因爲每一位要來參加課輔的學生我們都需要去家訪，實際了解家裡的經濟狀況、居住環境與家庭功能之後再作開案與否的評估，評估通過之後學生才能來參加課輔。而在家訪的過程中最容易碰到的就是家長太熱情了，尤其埔里很多的家長是務農的，常常還沒開始訪談就已經有蔬菜或水果送到面前了，這時，社工倫理守則就會在腦海中出現，不能收禮必須拒絕。一開始拒絕幾個家長之後，我慢慢發現有些不對勁，我發現家長對我們的態度開始疏離，開始防備，甚至開始有敵意，常常都搞得氣氛很尷尬。

督導老師，你是不是看不起我們？

有一次我在一個小時的家訪過程中拒絕了一位媽媽送的南瓜三次之後，因為這位媽媽的一句話，讓我理解到死守著冷冰冰的社工倫理守則是一件非常愚蠢的事情。因為在華人的文化脈絡底下，是先講「情」，再講「理」，最後不得已才會搬出「法」；但是移植西方文化的社工倫理守則則是先講「法」，再講「理」，最後才是「情」，這樣的邏輯到了華人文化脈絡的台灣就出現水土不服的狀況而不自知，因為我一再拒絕她的好意讓這位媽媽覺得我們是不是瞧不起她，讓她覺得非常沒有面子，於是她就直接說出了：「督導老師，你是不是看不起我們？不然為什麼都不收下我自己種的南瓜？」雖然我一再解釋是我們的規定不能收案家的東西，但是這位媽媽根本就聽不進去，完全無法接受這樣的說詞。

好東西就應該跟好朋友分享

很快的，我大概花了十秒鐘就反應過來了，我知道這位媽媽為什麼這麼生氣了，因為在講「情」優先的台灣社會當中，人跟人之間的關係通常是先建立在情感之上的，要建立

在情感之上就必須先成為朋友，而朋友之間就是應該「互相分享，互相幫助」，「好東西就應該跟好朋友分享（雖然孫越叔叔已經過世了，但是相信有年紀的我們都還記得這句廣告詞）」，所以當我一再拒絕之後，這位媽媽自然的就認為我很不給面子，不給面子的理由是不是因為瞧不起他們，不願意跟她們交朋友。

講一些你聽不懂的規定來當擋箭牌

　　做為一位弱勢者的過來人，我很清楚弱勢者是很難有很高的自信心的，通常自信心是容易低落的，而忽然有人聲稱要來幫助你的小孩免費補習，但是卻不願意收下你自己種的蔬菜，顯然就是不願意跟你做朋友，非常有可能是根本就瞧不起你，所以才會講一些你聽不懂的規定來當擋箭牌（誰知道這個規定到底是真的還是假的，我又沒看過），在這樣的脈絡底下任誰都會不舒服，都是會生氣的，只是這位媽媽比較直接罷了！

我們雲林海邊的蒜頭可是最棒的呢！

想通了之後我就馬上改弦易轍，立刻收下南瓜，找了一個台階給自己跟身旁不知所措的社工員，我跟這位媽媽說：「你種的南瓜很漂亮，一看就很好吃的樣子，我是真的怕收了你的禮物回去會被罵，不過你如果覺得不收是看不起你，那為了表示我不是這個意思，我只好甘冒回去會被執行長罵的風險也要收下這顆南瓜，不過，我也不能白白佔你便宜，我想到我家裡有雲林老家帶來剛曬乾的蒜頭，我們雲林海邊的蒜頭可是最棒的呢！明天我就拿來送給你，你可不能拒絕，拒絕就是瞧不起我又！」聽完我這番話之後這位媽媽的臉上才和緩下來，連聲說剛剛有些激動了，請我不要在意！

當時我根本沒有在意這位媽媽生氣，我反而很高興她的直接讓我意識到自己的問題，因為我可以同理她的心情與想法，我反而覺得對這位媽媽比較抱歉，因為我的不會變通，差點就把「好事給做壞了」，後來每當家長要送禮給我時，我會直接告訴家長如果是自己種的或生產的東西，只要不是太貴重我就會收下，但是我也會回禮。但如果是家長要花錢買的我就不會收，因為這就不是互相分享了。

讓案家感到被尊重是建立關係的第一步

在服務的過程中如何讓案家感到被尊重是建立關係的第一步，沒有這第一步，再多的社工專業都是枉然的，這是這位媽媽幫我上的一堂社會工作倫理課，社會工作者與被協助者是對等的，是平等的才對，不過眞的不容易做到，我也是經過從很多個案身上才慢慢學習與實踐的，直到現在我都不敢肯定我可以完全做到。後來因爲這件事情我想到了一句警惕自己的話：「很多人都是好人，也都在做好事，但是要注意，有時候很多『好事』，都被很多『好人』給做『壞』了！」

所以，案家送禮物給社工員，社工員該不該收下呢？您準備好如何回應了嗎？

每個人都有一條堅持要走的路

爽
約

家長座談會時家長一直爽約時，你會如何解決問題呢？

　　二〇〇五年一個深感涼意的秋天夜晚九點許，在埔里鎮的信義路上有三棟連棟的民宅正燈火通明的準備迎接第一次的家長座談會，由於課輔的學生約有二〇〇位，人數眾多，無法全部擠在一起同一天開家長座談會，因此依據埔里鎮上三所國中學區內的國中小學生分成三天輪流辦理家長座談會，而今天是第三天了，輪到宏仁國中學區的家長們來參加家長座談會了。

每位學生的家長都會拿到一份自己小孩的資料

　　由於學生的課輔結束時間是晚上九點，因此家長座談會是從九點十分開始，首先督導我會先在大廳向參加的家長們報告課輔目前的服務現況與重大規定與政策，因為這些事項都是家長們應該獲得的資訊，當然也會宣布結束之後家長座

談會的獎勵品（廠商捐的食用油、醬油、罐頭、奶粉……等家庭日常用品），其中食用油最受家長歡迎，共同事項宣布結束之後就會由每一班的課輔老師帶該班學生的家長到上課的教室去向家長一一說明學生這學期在課輔班上課的狀況，同時每位學生的家長都會拿到一份自己小孩的資料。

確認學生的請假缺席家長是否都是知情且同意的

這份資料當中包含這段期間的出席統計，學生每一次的請假缺席日期都會有明確的事由記錄，為的是與家長再次確認學生的請假缺席家長是否都是知情且同意的，雖然基金會的請假規定是必須家長打電話請假，但有時難免有冒充家長請假的狀況，因此家長座談會我們都會再跟家長確認一次。

知道孩子的程度及進步狀況卻是家長不能逃避的責任

第二部分是學生這段時間的課輔的測驗成績與日期，讓家長很清楚自己孩子目前的程度與進步狀況，雖然家長未必可以指導孩子功課，但是知道孩子的程度及進步狀況卻是家長不能逃避的責任，因為了解才能做到真正的關心與督促。

如實的呈現這一～二個月在課輔班的表現狀況

第三部分是每週課輔老師對個別學生行為與學習表現的摘要整理，目的是如實的呈現這一～二個月在課輔班的表現狀況，透過每週的記錄讓家長對於孩子的狀況更具體明確的瞭解，因為上面都有發生的確切時間與地點，而不是只是憑記憶跟家長說明。

希望家長對於自己孩子在學校的狀況很清楚

第四個部分是在開家長座談會之前社工員會到學校拜訪所有學生的導師，了解這段時間學生在學校的行為、人際關係及學習的狀況，甚至是有無發生重大的事件（如打架、霸凌、偷竊…等），當然有優良的表現更是不能忽略，為的不僅僅是基金會希望將服務做到更好，協助學生在學校可以更快樂與安心的學習，同時也希望家長對於自己孩子在學校的狀況很清楚，因為我們發現很多弱勢孩子的家長都很少且很畏懼跟學校老師聯繫，有時候孩子被欺負也不太敢幫孩子爭取應有的權益，因此基金會需要扮演協助家長了解與爭取孩子應有權益的角色與工作。

這些資料都會請課輔老師與社工員個別跟家長說明，同時也會詢問家長，學生在家裡的狀況與家長對孩子的期待，而這些資料也會做成記錄，放在學生的個案資料當中。

有一位家長已經是第三次放她鴿子了

當天在十點半左右，大部分的家長都已經跟社工員及課輔老師談完回家時，其中一位社工員宛庭有點沮喪地來跟我說，有一位家長已經是第三次放她鴿子了，因為學生是埔里國中學區國小的學生小楷，小楷的家長應該是第一天就該來參加家長座談會的，但是第一天結束時宛庭跟媽媽聯繫時媽媽才說不好意思，當天臨時有事不能參加，因此改第二天參加，結果第二天跟第一天一樣沒有來改第三天，今天是第三天，結果還是沒有來，宛庭問我怎麼辦？小楷的問題很多，不僅學習上的問題，行為的問題，甚至家庭也有很多問題，因此媽媽如果沒有來參加座談會就更難解決小楷的問題了，而我看著宛庭手上拿著一疊七～八張（大部分的學生都是二張而已）的資料就決定不能讓家長這樣一直爽約下去了，於是我就請宛庭立刻騎著摩托車，載著課輔老師（大學生）直

接到小楷的家裡去找小楷的媽媽，把家長座談會移到小楷的家裡開，當面跟媽媽說明。

督導，督導，你絕對猜不到我們到小楷家時小楷的媽媽正在做甚麼？

　　結果各位猜猜小楷的媽媽在忙甚麼？連續三天無法參加家長座談會呢？一個小時之後我接到宛庭的電話，他笑著跟我說：「督導，督導，你絕對猜不到我們到小楷家時小楷的媽媽正在做甚麼？還有她看到我們出現在她家時的驚恐畫面，哈哈哈！實在是太經典了！我一輩子大概都不會忘了這一幕。」我的確是猜不到小楷的媽媽當時到底正在做甚麼？於是宛庭也不賣關子的說：「督導，媽媽當時竟然正在打麻將ㄟ！看到我們出現時就像看到鬼一樣的驚恐！手上的麻將都掉了，真是太有趣了！」我聽完也是哈哈大笑，這件事情真是太經典了！

　　從此以後，小楷的媽媽每次都是第一天的家長座談會就準時出現，再也不會爽約了！同時針對放社工員鴿子的家長，後來都直接去家裡開家長座談會了，從此家長座談會的

出席率都是超過八成的。

　　所以，家長座談會時家長一直爽約時，您知道如何解決問題了嗎？

聊天

弱勢兒童每天參加課業輔導時，你知道我跟孩子聊甚麼嗎？

在埔里擔任社工督導的過程中（二○○三～○八），我幾乎每天都會有機會跟小朋友聊天，而聊天也是我了解小朋友很重要的機會，尤其課輔上課之前與孩子等待回家這兩段時間，這兩段時間通常在大廳的人不會很多，因此我總喜歡在課輔開始上課前半小時就出現在大廳跟孩子聊聊天，也在課輔教室四周走走看看，看看孩子如何來課輔班、誰帶孩子來、也看看孩子跟誰來課輔班。

大部分課輔的學生家裡我都去過

一開始課輔的學生要開案前（確定家庭經濟狀況符合基金會收案的標準才能參加課輔），基金會的社工員需要一一去家裡家訪，開始由於人力短缺，同時我也希望多了解這些孩子的家庭狀況與居住環境，因此我雖然是社工督導，照理

講我可以不用去家訪，但是我還是會跟著社工員一起去做家庭訪問，因此大部分課輔的學生家裡我都去過，所以我對多數孩子家裡的環境與成員都有一定的印象。加上我認人（臉孔辨識）的能力超好，所以每當在課輔班看到孩子時，我的腦海當中就會自然出現去家訪時的畫面。而這時我就會跟孩子聊聊家裡的狀況，聊聊孩子的生活與家人，想像如果我是那個孩子，我的生活會遇到哪些重要的事情，是媽媽離家出走還沒回來？還是爸爸工作受傷還沒好？抑或是祖母的需要住院但還沒有人送她去醫院？還是祖父年紀太大已經無法騎機車載孫子來課輔班？……等等這些問題。

先拿一罐八寶粥去吃吧！錢我再跟你媽媽算

因為如此，所以我在跟孩子聊天時都是有目的、有主題的，問題是經過思考的，不是打發時間、漫無目的的隨口說說的，每一個問題都是針對特定的孩子設計的。比如有一個寒冷的冬天傍晚將近六點時，當國小五年級的男孩阿亮（化名）走進課輔班時，我問他的第一個問題是有沒有吃過晚餐？同時我的雙眼是緊盯著阿亮的雙眼，因為阿亮的媽媽前

兩天因為跟爸爸吵架而離家，所以阿亮的晚餐並不是每天都有飯吃。果然阿亮的臉色就出現很尷尬的表情，低著頭不敢與我四目相視，這下我心裡就有數了，接著我就再問阿亮，媽媽是不是還沒回來？阿亮的眼眶紅了，輕輕的點點頭，小聲地對我說媽媽都沒有打電話回家，不知道媽媽去哪裡了。我安慰阿亮說：「你一定很擔心媽媽對吧！你放心，媽媽很勇敢也很堅強，應該只是在氣頭上需要一點時間冷靜冷靜，我會請社工員想辦法連絡媽媽的娘家看看能不能找到媽媽，如果找到人會盡快讓你知道，也會告訴媽媽你很想她，希望她可以趕快回來，我也會去找爸爸談談這件事情，要她跟媽媽好好道歉，所以你不要擔心，先拿一罐八寶粥去吃吧！錢我再跟你媽媽算（無形之中讓孩子知道督導有信心媽媽會回來），吃完趕快去上課。於是阿亮終於放下沉重的心情，吃著他最愛的八寶粥乖乖上課了。

簡單的事情人人都會做

　　跟孩子聊天，如果你認真問問題，孩子就無法敷衍你，但如果你隨便的跟孩子聊天，問的都是一些對孩子不重要、

孩子不關心的問題時，那麼就不要怪孩子敷衍地回答你的問題。我其實很少問孩子有沒有吃飯，因為我不是一個喜歡漫無目的做事的人，因此我很珍惜我可以跟孩子聊天的時間，而這些短暫的時間不該白白浪費，所以我會思考哪些孩子需要聊天？聊什麼內容？這些簡單的事情人人都會做，但是如何做到恰如其分、做到恰到好處就是一門藝術了，也是一門專業了。

如果這些責任家庭都可以承擔，那個案還會是個案嗎？

我認為要孩子安心認真讀書的前提是必須讓他的生活正常化，盡量減少干擾孩子讀書的各種因素，而協助這些孩子減少干擾因素是我們的責任，這些責任可能有些人會天真地以為是家庭要負全責，聽起來也天經地義且振振有詞，但是我從事社會工作這麼多年早就明白了一個重要的金科玉律，那就是如果這些責任家庭都可以承擔，那個案還會是個案嗎？那還需要社會工作者存在嗎？因此我從不幻想，我早就把這些問題視為理所當然了。

所以，您知道應該跟弱勢的孩子怎麼聊天了嗎？

阿亮

什麼能力可以降低我對新環境的陌生與恐懼？

　　不曉得是不是因為小時候經常轉學的原因，我一直都有一個很棒的能力，那就是「認人」，我的記憶力其實很差，但是我很會認人，只要是我看過的人，即使是不認識的人，第二次出現在我面前時我就會有印象，而且常常可以在很快的時間內想起來在哪裡看過這個人。因此即使轉學到了新學校我也很快地記住所有人的名字與長相，並且配對成功。這個能力也降低了我對新環境的陌生與恐懼，所以我對新環境的適應力非常的好。

我總是可以在第一時間叫出課輔學生的名字，不論他在哪裡

　　這個能力在我到埔里工作時更是讓我如虎添翼，因為我可以在最短的時間之內記住二五○位小朋友的長相與名字，同時也記得他們的家庭狀況，包括家裡有哪些人、做什麼工

作、有什麼疾病……等，尤其是我去家訪的家庭，因此我總是可以在第一時間叫出課輔學生的名字，不論他在哪裡。有一個天氣晴朗的夏天午後（四點左右），我開著車經過埔里的麥當勞往課輔教室時（當時課輔教室也在信義路上），距離約二○○公尺遠的左邊的巷子裡出現一個國中男生牽著腳踏車正要走出來，結果一看到我的車就馬上退回巷子裡，前後大概只有一秒鐘，而我已經知道是哪一個小朋友了，傍晚五點半時那位學生一踏進課輔教室的大廳時，我就問他：「阿亮，今天下午四點多你在麥當勞對面的巷子看到我的車為什麼又縮回去？」

督導，這麼遠你怎麼可能看得到

　　結果阿亮的臉上立刻出現驚訝不已的表情，他回答說：「督導，這麼遠你怎麼可能看得到，你怎麼可能認出我，而且我馬上就退回巷子裡了，你怎麼還看得到？」我笑笑地跟阿亮說，督導的「眼色」可是很好的，即使在開車途中一閃而過的人都可以認得出來，你為什麼看到我的車就退回巷子裡呢？你要去哪裡呢？我記得你家並不在麥當勞附近，聽到

最後這句話阿亮就更緊張了，低下頭不敢跟我四目相視，似乎在考慮要不要對我說實話，於是我又補上一句：「那是放學時間，督導只是好奇你怎麼會出現在那附近，沒有要罵你，也不會罵你，不用緊張。」這時他才抬起頭吞吞吐吐地跟我說他是要去同學家打電動，看到我的車就心虛的退回巷子裡。我跟他說放學去同學家玩無可厚非，當然也不要一直打電動，該讀書的時候就要讀書，該來課輔的時候就要來課輔，只要不要影響讀書的時間就沒有太大關係，不用擔心督導會罵人。這時阿亮才放下心頭的大石，如釋重負，也回答我他不會一直打電動。

我們的工作是適當的引導

　　我不會一味的禁止孩子打電動，因為我知道這是不可能的，而且一味禁止帶來的只是反效果，所以我退而求其次，不禁止，但是協助孩子控制打電動的時間與場合，什麼時間做什麼事情是我希望讓孩子學會的認知，控制自己，讓自己做事情有節制也是需要協助孩子養成習慣的，我們的工作是適當的引導，讓孩子的特質獲得合適的發展，而不是用一個

模子套住孩子，讓孩子都變成同一個樣子，每個孩子都應該根據自己的特質與能力發展成最適合的樣子，這是大人的責任與工作。

認人的能力讓我可以注意到很多別人不太容易注意的地方，也讓我有更多的訊息可以了解孩子，幫助孩子在很多問題未發生之前就可以先做預防的動作，這讓我深深的理解到社會工作如果預防的工作可以做得好，我們就可以防止很多的問題惡化與發生，不是嗎？

小權

你願意跟我一起走到陰暗處看小權的生活嗎？

　　二○○三年小權來課輔班時已經國中一年級了，瘦小的身體看起來像小學五年級的學生，但是卻穿著大兩號的學校制服，紅白雙色的制服看起來更像是紅灰色的，制服白色的部分永遠都是髒髒的，靠近時又有一股濕氣很重像發霉的味道，寬大且長的袖子看起來就像是演歌仔戲的，瘦小的五官上戴著一副又大又圓的眼鏡顯得極度不協調，眼鏡還不時滑下那不尖挺的鼻子，上課時永遠都是最多話的，而且常常口無遮攔地對男老師挑釁，對女老師開黃腔，不僅老師不喜歡他，就連同學也常常排擠他，不管在學校或是剛到課輔班都是如此。

看到他我就想打他！

　　一開始我對小權的印象也很不好，尤其他小小的眼睛鼓

溜鼓溜的轉得很快，看起來就是一副做賊的眼神，同時每週三、五上完課輔九點之後都急著趕回家，讓我很奇怪，但是他卻不願意透漏原因，要將他留下來特別輔導他就會很生氣，功課也很不好，上課也很不專心，全身上下看起來沒有半點優點，缺點卻是罄竹難書，怎麼看都很難讓人喜歡，甚至第一次去學校拜訪小權的導師時，導師對小權的形容我永遠忘不了，她說：「他（小權）坐在座位上就像條毛毛蟲地動來動去，看到他我就想打他！」但是這樣的孩子，他的個案紀錄卻引起了我的注意。

二十坪左右的老舊平房是他們一家五口的居住場所

　　就在我看完他的家訪紀錄，跟社工員討論小權的家庭狀況之後，小權的一些資訊引起了我的注意，因為他的資料顯示小權國小時遭到同學嚴重的霸凌與排擠，後來他一度加入幫派，但是上國中之前又脫離了。這樣的經歷在課輔班的學生當中是第一個，非常特別，因此我就找了一個機會跟社工員再次去家裡拜訪，二十坪左右的老舊平房是他們一家五口的居住場所，由於在學校附近，所以租金要五千元，陰暗的

屋簷掛滿一家的衣服，衣架子還不夠，部分衣服直接穿過竹竿，讓原本狹小的門口更顯擁擠，衣服根本曬不到太陽，難怪小權的衣服都是霉味。

反射性地先幫小權道歉

　　一進去大門我的鼻子就塞住了，因為濕氣太重了，所以我的鼻子過敏出現了，打了兩個噴嚏之後我進了屋子，媽媽看起來很年輕但臉色卻很蒼白，資料顯示只有三十歲不到，但是小權卻已經十三歲了，而爸爸卻已經超過四十歲了。媽媽對於我們的來訪有些許緊張，一直擔心是不是小權犯了甚麼錯，顯然媽媽沒有少處理過小權的問題，反射性地先幫小權道歉，也很擔心小權會因為犯錯而不能再參加課輔了，因為媽媽的身體很不好，無法久站與久坐，因此無法工作，但也無法取得殘障手冊，家裡的收入只能靠爸爸在鋁門窗工廠上班勉強維持，加上爸爸會賭博，所以經常沒辦法拿錢回家，所以家裡的經濟狀況經常要靠親友借貸度日，因此媽媽很擔心不能參加免費的課輔班。

另外一個我不認識的小權

從媽媽口中我聽到了另外一個我不認識的小權,媽媽說小權在家裡很懂事,因為媽媽身體不好,所以小權肩負起大部分的家事,連衣服都是小權洗的,而當我以為衣服是因為小權不太會洗衣服所以洗不乾淨時,媽媽很著急地說明小權跟二弟(小五)的制服之所以髒髒的並不是沒有洗乾淨,而是因為制服都是別人送的舊制服,根本就洗不乾淨,所以才會看起來永遠都是髒髒的,二弟曾經回家抱怨過同學與老師都會說他的衣服洗不乾淨,也會鬧脾氣,但是小權從小就很懂事,從來不會抱怨這些事情,還會幫媽媽安慰弟弟。而且小權放學回家之後都會在家裡幫忙做家事及幫忙帶三歲的三弟,小權一有錢只會幫弟弟們買零食,從來不會只想到自己。

一度加入幫派

國小五年級的時候,小權因為一直被同學霸凌與排擠,所以有一度加入幫派,藉此保護自己,不讓同學欺負,後來經過學校老師的努力才讓小權脫離幫派,所以小權有些習慣

或口氣就會很像混混。

夜市的老闆很喜歡他

　　另外，那一天從媽媽口中我才知道原來小權每週三、五、六晚上都要去夜市打工，幫家裡賺一點錢，賺的錢都會全部交給媽媽，也會在夜市跟打工的老闆要獎品給弟弟們，夜市的老闆很喜歡他，因為他很勤快，眼色也還不錯，也很社會化，在夜市討生活小權非常能夠勝任，加上他很孝順，也知道他家境比較困難，所以即使會犯些小錯，老闆也都能包容。埔里的夜市規模不小，因此通常收完攤的時間都是十一～十二點，每次忙完回到家洗完澡都已經是一～二點了，這時小權才能上床睡覺，隔天早上七點二十分前還是要到學校上課。

讓自己像一隻刺蝟一樣

　　這樣的日子或許對大學生或是一般大人不算特別辛苦，但小權僅僅只是一個國一的孩子，這樣的生活卻是他的日常，他沒有過一句抱怨，只有默默接受，但是在外面他需要

偽裝自己，讓自己像一隻刺蝟一樣，否則他無法保護自己，也無法保護家人。

你也願意跟我一起走到陰暗處看小權們的生活嗎？

　　離開小權家後，我看到高掛的太陽，氣溫有三十多度，但是當時我卻感覺到寒冷，原來社會的角落中陽光照不到的地方還有如此之多，當我們站在陽光下看陰暗的角落時，我們真的可以看到全貌嗎？還是我們只能看到陰暗的部分呢？我很慶幸我學了社會工作，也從事了社會工作，更慶幸我走進小權的家裏面，而不是只站在陽光下看小權的家，你也願意跟我一起走到陰暗處看小權們的生活嗎？

功
勞

參加課輔的弱勢孩子成績變得很好是誰的功勞呢？

　　二〇一四年是台灣教育制度上重大變革的一年，因為這一年教育會考取代了實施多年的基本學力測驗，而首當其衝的自然就是該年畢業的國三學生，這一年升高中職的升學制度有了大幅度的改變，雖然各方反對的聲浪滔滔不絕，升學制度也在正式實施前一改再改，原本是十二年國教（所謂國教，顧名思義就是國民義務教育，既然是義務教育就必然是強迫入學），後來左修右改之後卻變成不是強迫入學，既然不是強迫入學，嚴格說起來就不能被稱為十二年國教了。

會酗酒與家暴的台灣郎

　　國中會考的計分方式與原本基本學力測驗有非常大的差異，而在博幼基金會埔里中心卻有一個創中心以來程度最好的孩子剛好也要參加國中會考，這個孩子就是小玲，小玲從

國小四年級就參加了課業輔導,他來自新住民的家庭,媽媽是越南籍的新住民,但是爸爸卻是會酗酒與家暴的台灣郎,即便媽媽很辛苦的認份工作,但是卻無法填滿台灣郎爸爸的胃口,因此家庭狀況充滿危機,後來媽媽申請家暴令,仍然不斷受到爸爸的言語恐嚇與暴力威脅,恐嚇與騷擾的對象甚至連基金會的社工員都身受其害,最後求助警方才順利協助小玲與媽媽脫離爸爸的威脅,而這些經歷都對小玲產生某種程度的影響。

考試制度大幅變更

小玲雖然一開始課輔時程度沒有很好,但是自從參加課輔之後一直都很用功,本身也很聰明,學習能力也很強,所以很快地就跟上學校的進度,並且名列前茅。雖然家裡的紛爭多多少少都會影響小玲,但是還好小玲的身邊除了媽媽之外還有基金會的社工與老師,甚至還有其他社福單位協助與關懷,不至於讓小玲與媽媽陷入無人協助的窘境,因此小玲的成績一直表現得很穩定,可是,沒想到好不容易熬到小玲要考高中的這一年,考試制度卻大幅變更,差一點點小玲就

被制度犧牲了。

只因為作文沒有六級分

　　大家還記得會考第一年發生了甚麼令人覺得最不公的狀況嗎？那就是出現了五Ａ十個＋，但因爲作文沒有六級分，所以無法進入中投區的第一志願台中女中，而小玲恰恰好就是其中一位，會考放榜後所有人都傻眼了，包括小玲自己，都已經五Ａ十個＋還上不了台中女中，只因爲作文沒有六級分，這不免太荒謬吧！可是事實擺在眼前，讓人不得不信！結果小玲只錄取台中高工，但這不是小玲想念的學校。

高工無法實現她的願望

　　而所有人（包含學校老師與基金會的工作人員）都勸小玲接受命運的安排，就念台中高工吧！但是，當時的小玲卻獨排眾議決定放棄不去台中高工報到，她決定拚「特招」，當年台中女中的特招名額只有三〇〇名，最後小玲以一三〇名左右錄取台中女中，後來得知小玲想要念法律系，她要成爲一名律師，她要幫助像媽媽一樣的受暴婦女，所以他只能

唸高中，念大學，高工無法實現她的願望。

弱勢孩子的現實生活與遭遇，常常比我們想像中的更加艱難千百倍

　　進入台中女中就讀之後，我們都會幻想弱勢孩子的未來應該是一片光明，但是弱勢孩子的現實生活與遭遇常常比我們想像中更加艱難千百倍，每當我們以為應該苦盡甘來了，但老天爺總是會狠狠地敲醒我們的美夢。二〇一七年的學測成績出來之後，小玲考得並不差，考了六〇幾級分，可以考上公立大學的法律系，但是小玲想要念的是台大法律系，而身邊所有人（包含學校老師與基金會的工作人員）當時都勸小玲接受命運的安排，就念其他公立大學的法律系吧！可是小玲毅然決然地決定半年後拚指考，因為她只想唸台大法律系！所有關心他的大人都擔心她無法在指考中考上台大法律系，結果半年後指考放榜，再次跌破所有人的眼鏡，小玲考上了台大法律系。

社福機構不應該將所有功勞占為己有才對

從小玲的例子可以看得出來，之所以能夠考上台中女中與台大法律系主要的功勞其實是小玲與她的父母，如果她的父母沒有生出如此聰明的小玲，那麼課業輔導怎麼補救也無法把小玲送進台大，否則所有課輔的小孩都應該可以進台大才對；同時沒有小玲自己堅強的意志力與主見，小玲也不可能進台大，所以參加課業輔導的弱勢孩子如果成績可以很好的話，絕大部分的功勞都是在其父母身上，而並非課業輔導的功勞，所以博幼基金會從來不跟捐款人與社會大眾報告每年有多少學生考上第一志願，也不會拿這些成績最好的小孩來宣傳，因為這些孩子之所以可以如此優秀，大部分絕對不是基金會的功勞，基金會不應該將所有功勞占為己有才對。

所以，您覺得參加課輔的弱勢孩子成績變得很好是誰的功勞呢？

每個人都有一條堅持要走的路

認份

基本學力測驗英文考二十五分算高嗎？

　　二〇〇三年三月博幼基金會課輔開始在南投的埔里鎮與信義鄉同時開始服務，在埔里念國中一年級的阿明是博幼基金會的第一批課業輔導學生，開案時是國中一年級下學期，因為是第一次推薦家庭弱勢的學生參加課輔，因此學校的導師都特別用心挑選學生，挑的都是家庭經濟困難，但程度與學習意願都不是最差的弱勢學生，而阿明就是其中一位典型的個案，阿明月考成績除英文之外，每一科都超過八〇分，但是英文分數只有二〇分以下的程度（學校導師說那叫沒有程度），最差的一次只考八分。

最先放棄的科目

　　根據阿明自己的敘述，家裡主要照顧者為外婆與舅舅，舅舅有高職畢業，因此從小舅舅如果下班之後有時間，就會

要求與指導阿明功課，因此阿明國小的成績還不錯，大致都能維持在中上程度。但是，好景不常，舅舅因爲自己也不會英文，因此完全無法教阿明英文，上國中之後阿明的英文就很自然且快速的落後，沒有英文基礎、上課聽不懂、回家沒有人可以問，就在這種多數弱勢孩子都會經歷的軌跡之下，英文幾乎成爲大部分弱勢孩子上國中之後程度落差最大、也是最先放棄的科目，即使知道英文很重要，但是卻沒有任何起死回生的機會與能力，而這只是弱勢學生的日常而已。

背越多就忘得越多

國一月考英文只考八分究竟是甚麼程度呢？難道是阿明偷懶，沒有上進心，所以才學不會嗎？其實不然，因爲阿明當時雖然程度很差，但至少他會二十六個英文字母大小寫，如果眞的偷懶應該連字母都背不齊才對，可是發音就幾乎完全不會了，不會發音就讓阿明念英文吃盡苦頭了，也因此阿明的英文程度就一直停留無法進步，不會發音規則讓阿明英文單字只能硬背，硬背的結果是很快就忘了，背越多就忘得越多，一步一步的與同學程度落差慢慢擴大，直到完全跟不

上了，而像阿明這樣的弱勢學生比比皆是。而阿明的優勢是其他科目都還有基礎，因此雖然英文很差，但是卻還沒有放棄學習的打算，這也是導師推薦阿明參加課輔最主要的原因，其他基礎很差，根本已經放棄學習的弱勢學生，導師也就暫不考慮了。

眼看國三要基本學力測驗的時間所剩無幾

　　參加課輔班之後，因為大部分的課輔學生英文都很差，加上是小班制，所以是根據學生的程度教學，因此阿明就從發音開始學起，沒有英文基礎，記憶力又不夠好的阿明學英文歷經千辛萬苦，學得甚至比其他課輔班學生辛苦，初期的進步異常的緩慢，眼看國三基本學力測驗的時間所剩無幾，如果無法在國二結束前成績提升到一定程度，那麼就沒有辦法進入輔導班（國三升學班），到時候就會編到非輔導班，而非輔導班的學習風氣與學習資源就完全不是輔導班所能比擬的了，屆時要考上公立的高中職恐怕就很困難了。

用時間換取成績是他考上公立高中職唯一的出路

因此國一與國二的暑假我們就特別針對阿明的英文做進一步的補救，暑假期間埔里中心的課輔學生都要參加為期八週，每週五天（週一至週五）的暑期課輔，每天早上九點到下午五點，其他學生從早上九點上到下午五點就可以回家了，但是阿明是從早上九點到晚上九點才回家，每天多留三小時加強英文，而阿明也咬緊牙根撐下來了，雖然現在看來很不人道，但是必須承認我們當時並沒有更多的資源與更好的方法，所以讓阿明受苦了，但是阿明自己也很清楚，用時間換取成績是他考上公立高中職唯一的出路，所以他也很認份的努力學英文。

千里之行，始於足下

經過漫長而枯燥的補救教學之後，阿明終於順利地進輔導班，而阿明基本學力測驗考了一八一分，吊車尾進入暨大附中日間部普通科（最低錄取分數一八〇分），在滿分六〇分的英文中阿明沒有拿超過三〇分，只拿到了二十五分，但是就因為他拿到了二十五，所以可以順利考上暨大附中普通

科，這二十五分阿明自己還算滿意。阿明的英文進步靠的不是化腐朽爲神奇的特別方法，而是腳踏實地的一點一點累積，正如老子《道德經》所言之「千里之行，始於足下」。

　　所以，您覺得對阿明來說，當年基本學力測驗英文考二十五分算高嗎？

每個人都有一條堅持要走的路

阿明

如果沒有參加博幼基金會的課輔，弱勢家庭的阿明現在可能會做什麼工作呢？

二○○三年三月從我到職博幼基金會的第一個月就開始了國中弱勢家庭學生的課業輔導，阿明是第一批課輔的學生，當時他已經是國中一年級了，一開始是在學校放學之後留在班級上課輔，但是一開始因為缺乏經驗與經費不足，因此一年之內換了四個課輔的場地，阿明回憶當初課輔時最辛苦的地方時說到：「我想當初辛苦的地方應該是常換地方上課吧，從一開始是在學校上課換到辦公室，陸陸續續的換了三、四個上課的場地，有些地方上課是比較悶熱的。」

悶熱的暑假更是讓學生揮汗如雨

課業輔導的場地經常更換，教室的設備也很簡陋，只是用木板隔間，將一般住家隔成一間間大約五坪大的教室，隔

音與隔熱效果也不好，尤其悶熱暑假更是讓學生揮汗如雨，同時因為經費拮据，所以暑假的午餐也很單調，但是因為學生只需要付一半的午餐錢，因此也不敢有過多的要求，這些狀況都讓參加課業輔導的阿明感到非常辛苦，即便如此，絕大多數學生與家長都不願意放棄課業輔導這個可以讓弱勢家庭孩子有機會翻身的機會。

鬼混的時間被大大的壓縮

　　課輔對當時阿明來說其實不是很心甘情願地參加，因為放學之後參加課輔直接壓縮了阿明跟同學出去玩樂的時間，但是經過半年每天被要求都要參加課輔之後，漸漸地阿明也慢慢習慣了課輔的生活，漸漸地心性、行為與課業也慢慢穩定下來了，阿明說：「因為那時候比較愛玩啦！所以就是想說這樣就不能去玩了，但是一開始一個禮拜只有兩次共三個小時，所以影響不大啦！後來發現每週上課從兩天變三天、後來又變五天才感到不太妙，鬼混的時間被大大的壓縮，無奈之餘也只能接受，過程中老師循循善誘，不知不覺得自己也被潛移默化，漸漸穩定下來。」

換場地的過程其實也漸漸凝聚起大家的心

　　同時阿明也提到另外一項意外的收穫，那就是在不斷地更換課輔場地過程中，所有學生都必須一起幫忙搬家，從租借學校場地、租借教會場地、最後到基金會自己租房子當課輔教室，這個過程中一次又一次的幫忙搬家，不再寄人籬下與跟別人共用場地之後，漸漸地阿明與同學們開始把課輔班教室當作屬於他們自己的「地方」了，讓大家開始有了歸屬感，阿明說：「換場地的過程其實也漸漸凝聚起大家的心。」

你只要在適當時間去給孩子推一把，孩子就一路都是對的

　　後來阿明大學也念了社工系，回到基金會當社工員，後來更是當上了督導，心中更是體會的社會工作的重要性，自己就是一個最好的例子，因為博幼與社工的及時出現，讓阿明不至於誤入歧途，因此阿明很難得嚴肅的說：「你只要在適當時間去給孩子推一把，孩子就一路都是對的。」阿明回想自己當初如果沒有參加博幼基金會的課業輔導，依照國中當時每學期都要跟別人至少幹架一次，即使被十幾個人圍毆也要積極向主謀還手的個性與膽識，長大之後極有可能就是

落入犯罪的深淵了。阿明笑笑地說：「我想我如果沒有參加博幼，應該會當兄弟吧！國中就很血氣方剛，動不動就惹事生非，應該會很容易當兄弟。搞不好現在可能就會事業有成，經營財務公司（黑道討債）之類的，哈哈哈哈哈！」。弱勢家庭的阿明因為參加課輔之後就與兄弟及黑道無緣，那其他的弱勢家庭孩子呢？

鵝
毛

你猜阿明的頭髮上為何會出現一根細小的鵝毛？

　　二〇〇三年九月中的一個傍晚六點多，當我剛剛結束課輔班學生的集合宣布事項，學生陸續進教室上課時，阿明才慢慢地走進集合的大廳，平常阿明都幾乎不會遲到，當天卻異常的遲到了將近二十分鐘。就在我剛要開口詢問遲到的原因時，剛好他從我前面走過去，我忽然注意到了阿明頭髮上的一根鵝毛，這根鵝毛是剛長出來的細毛，很小很輕的黏在阿明的頭髮上。於是我順手拿起那根鵝毛，開玩笑的問阿明怎麼會有一根鵝毛在頭髮上呢？是不是跟別人打架了？

督導，你怎麼會知道的？

　　阿明頭低低的支支吾吾地不敢大聲回答，慢慢抬起頭看著我，小聲地試探的說：「督導，你怎麼會知道的？」這時我才看清楚阿明的臉上有幾處紅紅的傷痕，我沒想到隨便猜

的一句玩笑話居然正中紅心，一猜就中，的確也讓我嚇了一跳！連忙問清楚到底是發生甚麼事情，爲什麼會跟人打架。原來是因爲阿明跟同校的同學有一些衝突，衝突的原因阿明不願意細說，只是簡單的帶過，在學校口角衝突之後就約放學之後在校外談判。談判時阿明帶了三、四個同學助陣，但沒想到對方的勢力很大，竟然帶了十幾個同學助威，結果談判一言不合之後就打了起來，結果當然就是阿明這一方寡不敵眾，雙拳難敵四掌，阿明跟幾位助陣的同學都被修理了一頓，打倒在地，因此頭髮上才會沾上了鵝毛。

每學期打架一次似乎是阿明的「日常」

後來詢問導師才知道可能是因爲爭風吃醋的關係與同學衝突，根據導師的說法阿明每個學期都會跟同學起一次比較大的衝突，阿明的個性比較「衝」一點，像一隻長滿尖刺的刺蝟，所以對於阿明跟同學打架似乎並不意外，同時導師還特別跟我們說了一件打架當時發生的狀況，就是當阿明發現對方的人數比自己一方的人數多很多時並沒有因此就恐懼與退縮，依舊毫無畏懼的跟對方談判，同時就連打起來的時

候，其他同學都邊打邊退，阿明卻死死的抓著對方帶頭的同學打，像拚命三郎般不要命的只打對方帶頭的同學，根本不管其他人對他的拳打腳踢，所以即使被打得很慘，也沒有讓對方好過。言談之中導師似乎對於阿明的膽色與勇氣有更多的讚賞，而沒有太多的責難，畢竟在導師看來每學期打架一次似乎是阿明的「日常」，沒有甚麼好大驚小怪的！

課輔班其實是很好的預防風險與犯罪的場所

　　弱勢學童每天參加課輔班其實是很好的預防風險與犯罪的場所，因為每天都會看到阿明，因此當阿明有任何小小的異常或徵兆時就很容易被辨識出來，因為阿明平常參加課輔時都不會遲到，因此當他突然遲到二十分鐘時就會讓我很容易感到可能有異狀，因此對於阿明自然就會多注意一點他的狀況，因為有多注意了一下他的狀況，因此才不小心發現了頭髮上的那一搓鵝毛，而因為那一搓鵝毛才會注意看阿明臉上的傷痕，也因此才能及時的發現阿明受傷與打架的狀況，才能在第一時間處理。

每天看著弱勢孩子的狀態是否有任何異狀與風險

第一時間發現異狀，及時發現，立即處理孩子與家庭的問題是預防悲劇與風險升高最有效的方法，因此博幼基金會的課業輔導不僅提升弱勢孩子的基本能力，同時也每天看著弱勢孩子的狀態是否有任何異狀與風險，我們非常容易發現家庭照顧不周、疏忽、偏差行為、家暴與性侵疑慮、性侵……等狀況，成功的防止很多更不好的事情發生，雖然這部份很難證明，但是很多學校老師與校長都很明顯的感受到弱勢學童參加課業輔導之後，偏差行為與程度都有很明顯的提升。

所以，您知道為什麼我會發現阿明頭髮上的鵝毛了嗎？

打架

當發現課輔的孩子打架之後，最重要的事情甚麼呢？

　　大概了解阿明跟同學打架的狀況之後，後來我就跟執行長報告這些事情，因為打架其實是比較嚴重的事情。雖然不是發生在課輔班，同時也不是跟課輔班的學生發生衝突，有些人或許會認為這根本不關課輔班的事情，課輔班根本不需要處理，應該交由學校或家長們自行處理，但是對二〇〇三年的我來說完全不這樣認為，即使經過這麼多年了，我現在依舊如此認為，我認為還是要積極的協助孩子與家長處理，否則很多時候都是因為處理的不夠妥善而可能會衍生出更多的問題，或者錯失良機，比如驗傷與及時通知相關人等。於是執行長就請同事帶阿明去醫院驗傷，而執行長與我則聯繫學校導師與家長，並且問到了主要衝突學生家裡的地址，於是我們兩個人就到對方家裡去找家長說明這件事情，並且討論如何解決這項衝突，避免衝突擴大。

那時我看到門口有一個人在洗車

當到達對方家門口的時候，我們覺得還滿奇怪的，就是對方的家是在埔里有很多那種比較小的巷子裡面，是一間並不起眼的老舊平房，看起來並不是很有錢的大戶人家，而那時我看到門口有一個人在洗車，那個人呢？長了滿臉橫肉，理著很短、很不尋常的平頭，一般都是道上兄弟才會理的平頭，這時我的心中升起了無數的困惑與問號。

車子的玻璃隔熱紙不僅非常地暗，而且全部都是完全反光的

我們一開始以為，那個人就是那個小朋友的爸爸，結果那個人竟然是他們家的司機，一般不是很有錢或大老闆通常不會有司機，而且這個司機看起來不是甚麼善類，而且我看那個車很特別喔？那個是在台灣很少見進口車，我只有在汽車雜誌上看過，而且我知道那個車並不便宜，而且量很少，在台灣很罕見，而且覺得這個車很奇怪喔，車子的玻璃隔熱紙不僅非常地暗，而且全部都是完全反光的，完全無法看到車內狀況，很像特殊人物的座車一般，令人印象非常深刻！

完全一副事不關己的樣子

後來進入屋內見到了對方的爸爸，這位爸爸看起來長相帥氣斯文，說起話來彬彬有禮卻有點漫不經心，一直在專心地泡著高山茶，一開始我們就表明來意就說我們博幼基金會是做課業輔導的單位？然後我們今天為什麼會來拜訪，剛開始聽到他的兒子跟我們的課輔學生打架時並沒有很在意，只是靜靜地聽著我們對狀況的敘述，看不出來他的心裡有甚麼想法，臉上也沒有任何情緒的波動，完全一副事不關己的樣子，當時我心裡就想看來是遇到見過大世面的家長了，看來這個家長不一般啊！（後來隔幾天之後我們才得知原來這位家長是個黑道大哥，那時所有的疑惑才全部解開了！）

人家有帶去驗傷，人家可以告我們

一直到我們講到一個關鍵點的時候，他才開始正眼看著我們，認真注意聽我們說話，因為我們講到一個關鍵的詞，那就是我們有帶阿明去「驗傷」，當聽到驗傷之後他就像醒過來一般的認真跟我們對話，我們的態度是希望事情不要鬧大，希望能夠用比較和平的方式來處理這件事情。結果他就

蠻客氣的回應說小孩回來之後會好好地跟他說，同時隔天會去學校處理這件事情。隔沒多久她的兒子就回來了，他就當著我們的面問孩子是否有跟同學打架這件事情，同時他提醒兒子一個重點是：「人家有帶去驗傷，人家可以告我們。」

舅舅也很坦白說對方的家長並不好惹

隔天到學校就很順利地協助雙方家長將這件事情處理完畢，對方也負責醫藥費用的賠償，雙方也握手言和，至少到畢業之前都不再有任何的衝突了。這件事情在多年之後訪談阿明的舅舅時，舅舅還很感謝基金會當時的協助處理，讓這件事情順利落幕，因為舅舅也很坦白說對方的家長並不好惹，以往碰到這類的事情通常都是吃悶虧，誰敢去要求醫藥費的賠償呢？搞不好還會被要求賠償對方呢！結果沒想到基金會竟然有辦法幫忙爭取權益，這是一般弱勢的家長很難做到的事情。

為了自己闖的禍辛苦的處理其實他都看在眼裡

經過這件事情之後阿明就再也沒有跟同學打過架了，後

來訪談阿明的時候我也很好奇阿明的轉變，那時阿明才說其實他後來就沒有再跟同學打架的原因，是因爲當時他看到因爲自己的一時衝動與不懂事，讓身邊的很多大人到處奔波與處理，雖然這件事情基金會的執行長與督導及社工老師們都沒有責怪他，但這些人爲了自己闖的禍辛苦的處理其實他都看在眼裡，他覺得自己應該要長大懂事一點了，不能再這樣下去了，如此而已！

需要一點時間讓孩子自己想通一些事情

　　培養孩子正確的價值觀用說的不一定有用，很多時候示範給孩子看如何處理事情反而是很好的機會教育，也讓孩子印象更深刻，同時也需要一點時間讓孩子自己想通一些事情，或許更容易讓這些孩子無形當中培養一個比較正確的價值觀，跟處理事情的一些方式，不是嗎？

　　您發現課輔的孩子打架之後，最重要的事情甚麼了嗎？

每個人都有一條堅持要走的路

督導

督導，督導，你來學校做甚麼？

二〇〇三年九月，當我帶著社工員一起到埔里鎮上的埔里國中去處理阿明跟同學打架的事情時，剛剛進了學校大門的廣場時，正好是下課時間，而我遠遠的就聽到來自不知哪個方向的叫喊聲，叫喊的內容有些熟悉，不過第一聲時我並沒有注意，但是當第二個叫喊聲時，這次我聽清楚了，是在叫「督導」，而我知道這聲「督導」是在叫喊我，於是我就抬頭尋找這個聲音的來源，很快的我就看到熟悉的臉孔－阿亮這個活寶。

當時我都懷疑我人緣有這麼好嗎？

阿亮看到我已經認出他之後就一直叫喊著：「督導，督導，你怎麼會來我們學校？你來學校做甚麼？」說話的語氣相當興奮，好像我們是很多年不見的老朋友，在他鄉遇到故

知一般，明明我們每天都會在課輔班見面，而且前一天晚上才說過話、聊過天。我都還來不及回答阿亮的第一個問題，就聽到其他樓層也有叫喊督導的聲音，當然都是課輔班的學生，叫喊聲也都是帶著興奮與好奇，當時我都懷疑我人緣有這麼好嗎？明明這些學生在課輔班都因為我很兇、很嚴格，根本不太敢跟我說話，都很怕我，怎麼在學校就完全變了一個人呢？難道是我白天看起來比較帥嗎？真是令人不解！哈哈哈哈哈！

拜託拜託你不要跟我們導師告狀

接著阿亮問：「督導，你是來找我們導師的嗎？」這時的口氣就換成有些許的擔心了，擔心我是來學校找老師告他的狀，看出阿亮的擔心之後，我就索性順水推舟的回答說：「對啊！你怎麼這麼厲害，知道我是來找你的導師的？」聽到我的回答之後阿亮就更緊張了，開始跟我求饒的說：「督導，督導，拜託拜託你不要跟我們導師告狀，說我的壞話，我會乖乖念書的。」我看與阿亮玩笑話說的差不多就笑笑地跟阿亮說：「別擔心！督導不是來找你的導師的，我是來處

理其他事情的，順便來看看你們在學校乖不乖的。」聽完我的說明之後阿亮才重展笑顏，放下心中大石地笑笑地說：「督導你都愛嚇人，眞是的！害我擔心好久，以爲你眞的是來告我的狀的！」

有一種像是家長去學校看孩子的心情

其實在埔里當督導的那段時間，到學校去看課輔的學生都會有一種像是家長去學校看孩子的心情，尤其是協助家長到學校去幫忙處理課輔班學生的問題時，那種感覺更像。原因是弱勢學生的家長常常沒有時間或者沒有足夠的能力與資源到學校去處理孩子的問題，加上弱勢家長大多學歷不高，面對學校老師都覺得矮人一截，就更害怕到學校去了，因此即使孩子在學校受委屈甚至被欺負，多數家長也都選擇沉默或逆來順受，甚至都會主觀認爲是自己孩子的錯，不敢據理力爭，更不敢主張應有的權利。

這些課輔班的孩子是有人照看的

因此當基金會知道課輔班的孩子在學校有重大的問題

時，我們就會連絡並且協助到學校處理孩子的問題，漸漸的學校老師都知道課輔班的孩子發生任何重大的問題除了找家長之外，還可以找基金會的社工員與督導協助解決，也讓其他學生知道這些弱勢孩子若是被欺負，會有博幼基金會的社工員與督導到學校協助家長處理，這些課輔班的孩子是有人照看的，是不能欺負的，同時課輔班的孩子如果欺負人也會有社工員與督導來協助處理的。

你知道我到學校做什麼了嗎？

解決弱勢孩子的日常生活問題就是在「排除一切干擾弱勢孩子學習的障礙」，而這件事情就是我當年擔任督導時要求自己與社工員必須做到的任務。多數的人以為課業輔導最重要的只是教學，常常忽略要讓弱勢孩子的學習是「有效學習」之前，其實是有很多困難必須排除的，這些困難來自社區環境、家庭功能（家庭暴力、兒童疏忽、兒童親職化）、學校適應、人際關係、偏差行為……等等，任何一項都可能會影響學習的意願與效果，因此若不事先排除這些干擾因素，弱勢孩子怎麼可能「安心」讀書與學習呢？若不能安心

讀書與學習，又怎麼可能會有明顯的學習效果與進步呢？

所以，你知道我到學校做什麼了嗎？

落淚

小志說了甚麼話讓課輔的大學生落淚呢？

　　小志來自一個單親家庭，媽媽是醫院的看護人員，家裡還有兩個幼稚園年紀同母異父的弟弟與妹妹，家訪時看過戶口名簿時才知道還有一位唸國小的弟弟與其生父生活，而其生父卻不是小志三位兄妹的父親，甚至小志的生父跟弟弟妹妹的生父都不同。

唯一一個一開始就享有一對一教學的學童

　　二〇〇三年小志開案時已經是國中二年級了，也是博幼基金會在埔里鎮上收的第一批學生，同時他也是唯一一個一開始就享有一對一教學的學童，因爲他的狀況特殊，無法與其他人一起上課。小志非常內向少話，幾乎不會主動說話，只有別人問話時才會講話，聽學校老師描述小志小學五年級以前是住在仁愛鄉的部落，媽媽因爲經常要到各處打零工的

關係，所以常常帶著小志到不同的部落暫住，或許是工寮或許是親友家，因此小志小學五年級前經常沒有到學校上課。

長期社會化的刺激明顯不足所造成的

或許也因為生性比較害羞，加上社會化的刺激較少，因此即使下山到埔里正常上課之後依舊很內向少話，同時對於很多事情的理解能力都比同年齡的孩子差非常多，功課也非常低落，成績非常差，一開始很容易讓人誤以為智能有些不足，但是仔細觀察之後卻發現並非是智能的問題，而是長期社會化的刺激明顯不足所造成的，因為經過一段時間的補救之後發現小志的記憶能力是正常的，很多事情也都了解與清楚，只是與人的溝通上有很明顯的困難，同時理解力不知道是不是長期的刺激不足造成理解力比其他的能力差很多。

是！不是！不知道！

因此一開始基金會就針對小志的特殊狀況請暨南大學的大學生小君老師一對一上課，一開始上課小君老師雖然非常有熱忱與耐心，不厭其煩的詢問小志的問題，同時更是一遍

又一遍的指導很簡單的課程，但是小志的反應總是非常緩慢且冷淡，讓小君一直無法確認小志究竟有沒有聽懂，課輔老師檢討會議時，小君老師總是感到非常挫折，雖然他的學生只有小志一人，但是卻比其他老師還要辛苦與挫折。因為小志從來不主動跟他說話，問小志問題三次才會回答一次，回答的答案也很固定，只有三種答案，那就是「是！不是！不知道！」而大家都束手無策，不只是小君老師，我們也都很挫折。

山重水複疑無路，柳暗花明又一村！

就在辛苦與挫折超過一個月，眼看小君的耐心與愛心快要用完的時候，有一天，小君老師很激動、眼角還有淚痕的跑來告訴我們：「督導！督導！小志今天上課時竟然主動跟我說話了！我都感動到哭了！真是太令人感動了！我們的努力終於沒有白費了！」真是印證了陸游〈遊山西村〉所寫的「山重水複疑無路，柳暗花明又一村！」因為這經過小君老師一個月的努力之後，小志終於第一次主動跟老師說話，而這句能讓一個大學生落淚的話是甚麼呢？您絕對猜不到，因

為小志其實只是問了老師一句：「老師這是什麼？」而已！

在乎的並不是說話的內容，而是說話所代表的意義

很多時候我們在乎的並不是說話的內容，而是說話所代表的意義，而小志這句看似再平凡無奇的話語，卻能夠讓他身邊的五六個大人都喜出望外、欣喜若狂，而且在這些人心中永遠記得這句話，因為這句背後代表的是與小志經過一個多月辛辛苦苦，得來不易建立的關係呈現，這句話紀錄的正是這些背後所代表的意義，而這些意義就是助人工作者最重要的回饋來源，不是嗎？

日
常

甚麼是弱勢孩子念高中職的「日常」？

　　小志雖然終於偶爾會主動說話，但是依舊是個省話一哥，同時說的句子也都特別短，說話吞吞吐吐地，常常對於別人簡單的問話都要想個半天，似乎理解能力還是很難有明顯的改善。

我們真的沒有辦法讓很不聰明的孩子成績變得很好

　　功課的部分因為基本能力實在落後太多，因此一年半的補救時間根本遠遠不夠，小志基本學力測驗只考了七十幾分（滿分三一二分），這樣的分數似乎只是證明補救沒有效果而已，結果出來其實我並不意外，因為我心裡其實很清楚讀書這檔事並不是所有人都可以在很短時間創造「奇蹟」的，雖然我也很渴望奇蹟，但是我其實更清楚奇蹟是極少數的存在，同時奇蹟多數都是有很多充分要件的，其中個案本身的

聰明才智最為關鍵，因為我們真的沒辦法讓很不聰明（我強調是很不聰明）的孩子成績變得很好，因為如果可以的話，我就把所有孩子都送到台中一中跟台中女中了，而我很確定我們做不到，因為不可否認我們大部分人還是不夠聰明，更何況是有些弱勢的孩子因為先天與後天各種不利的因素造成的不夠聰明、基本能力落後太多、甚至是很不聰明的狀況。

社會必須坦然的面對這個事實

我們的社會必須坦然的面對這個事實，只是不管是社會大眾，或是媒體記者，甚至上位者都不敢或不願意面對這個殘酷的事實，媒體報導的常常都是聰明的弱勢孩子因為自己努力或別人幫助就考上第一志願，似乎只有這些極少數（我敢說比例不到一％）的弱勢孩子才是大家看的見的，其他都是大家看不見的隱形人，整個社會都被這種假象欺騙得自以為我們的社會對弱勢者很友善，很多協助，其實不然！其實根本就不是這麼一回事！

必然造就無奈，選擇造就自主

　　其中那些很不聰明的弱勢孩子處境最為悽慘，而這些孩子其實才是博幼基金會最主要的「客戶群」。因為像小志這樣的弱勢孩子很多，小志還是因為有參加課業輔導，所以還可以考七十幾分，雖然非常低分，但是最後還好埔里有個國立的暨大附中夜間部可以就讀，因為小志的媽媽根本沒有能力負擔私立高中職的學雜費，而小志選擇了就讀資料處理科，但在還沒付了第一個學期學雜費的暑假，小志的媽媽就趕緊的幫小志尋找工作的機會，因為小志恐怕要自己賺學雜費，同時因為是要念夜間部，當然白天是一定要去工作的，高中職就要開始打工工作是弱勢孩子的「日常」，這個日常甚至已經必然到連基金會的同仁們都不會想要懷疑了，而這樣的日常卻是弱勢孩子不能抗拒的「必然」，而不是像一般家庭孩子的「選擇」，而必然造就無奈，選擇造就自主。

三天之後老闆就把他辭退了

　　小志因為個性很內向少話，跟人際的互動能力很弱，也很容易聽不懂別人的話語，因此媽媽只能幫小志找到了一家

小吃店洗碗的工作，但是三天之後老闆就把他辭退了，因為他都不太跟別人說話與互動，動作也不夠快，更常常無法理解老闆的指令，完全無法符合老闆的要求。於是十五歲的小志剛放暑假就迎來人生當中的第一次失業，而媽媽也找不到其他工作願意接受小志的狀況，可是家裡確實是需要小志工作幫忙貼補家用與付自己的學雜費，最後媽媽只好到基金會找執行長幫忙。

尋找與創造小志打工的機會

看到沒有辦法找到工作卻需要打工貼補家用的小志，執行長就開始想辦法尋找與創造小志打工的機會，既然小志暫時還無法獨自面對與應付外面的工作，那麼就先採取輔導就業的策略，將小志先留在基金會一邊打工，一邊訓練，慢慢培養小志的就業能力，同時也可以讓小志有工作收入，可以貼補家用與賺取學雜費，於是小志就開始了三年在基金會打工的日常。

基金會裡最後找到可以創造給小志的工作是資料輸入電腦系統的工作，於是小志就從一指神功開始練習打字，剛好

配合就讀資料處理科，每天有打不完的紀錄資料需要小志鍵入電腦系統，就在心無旁鶩的不斷練習之下，小志的打字速度越來越快，快到超過所有人，甚至半年之後，一分鐘已經可以打一二〇個中文字，這讓我見識到無蝦米的可怕，也印證了優勢觀點的實現。

我是輸得心服口服啊！

　　或許很多人不認為打字速度很快沒甚麼了不起，但是這對小志連洗碗都被辭退的小志來說，卻是他可以勝任弱勢孩子念高中職的「日常」，每天八小時準時上下班的工作收入雖然只有最低工資，但是基測只有七十幾分的小志卻靠著自己的雙手賺取了整整三年的學雜費與生活費，還貼補了媽媽工作不穩定時的家庭支出，我想光光是這一點就比你我都強了吧！我是輸得心服口服啊！

　　您理解甚麼是弱勢孩子念高中職的「日常」了嗎？我們該不該讓所有跟小志一樣很不聰明的弱勢孩子勝任他們念高中職的「日常」呢？如果您也覺得應該，那就請您跟我們一起協助這些弱勢的孩子吧！

每個人都有一條堅持要走的路

膽色

哪些是弱勢孩子誤入歧途的條件呢？

　　小白是我在博幼基金會擔任督導時第一批收的課輔學生，開案（二○○三年三月）時是國中一年級，但是經過校訪導師之後，很快的小白就被列為重點服務對象了。

　　小白的爸爸做的是粗重的工作，但是因為長期洗腎，無法長時間工作，因此工作很不穩定，加上因為洗腎所衍生的各項費用讓家庭的經濟惡化，因此有幾十萬的負債。家裡的經濟來源主要是靠媽媽開特產店的收入（店面是租的）來維持一家的基本開銷，因此經濟狀況並不是很好。

　　小白的爸爸是個身材壯碩的中年人，一七○公分左右的身高卻有將近九十公斤的體重，由於長年從事粗重工作，因此即使多年洗腎，依舊看起來孔武有力。父親管教小孩比較嚴厲，所以小白會聽父親的管教，但是父親在小白五年級之後就不會用打罵的方式管教小白。

小白的個性吃軟不吃硬

根據爸爸的敘述，原因並不是大家所想的覺得小白長大了，而是因為小白的個性吃軟不吃硬，用打罵的方式反而不會聽話。而讓爸爸體會到這個事實是一次慘痛的管教經驗之後發現的，小白小學五年級時有一次爸爸覺得小白犯錯了，但是小白卻不覺得自己有錯，而爸爸很生氣的一如既往地用打罵的方式管教小白，企圖利用處罰來讓小白認錯與屈服，但是很有自我意識又很硬氣的小白卻完全不服爸爸的管教，認為自己並沒有錯，為何要自己認錯，爸爸對於小白犯錯卻不肯認錯非常的生氣，因此狠狠地用水管修理了小白一頓。

從頭到尾不吭一聲的站著讓爸爸打完

但是，沒想到身材矮瘦的小白卻站得直挺挺的，同時雙手牢牢的握緊拳頭，單眼皮的雙眼狠狠的瞪著前方，一動也不動，從頭到尾不吭一聲的站著讓爸爸打完。看著自己身形瘦小的兒子竟然無所畏懼的握緊雙拳，並且堅毅地看著前方的眼神，反而讓爸爸腳底發寒、心裡發毛，看著天天跟自己生活在一起、無比熟悉的的兒子，此時兒子的眼神卻令他異

常陌生，彷彿是第一次見面的陌生人一般，從此之後爸爸就不曾再動手管教小白了，因為他很清楚動手管教根本沒有任何效果了。

課本對他來說就像天書一樣

　　身材魁武的爸爸赫然發現自己的兒子竟然有如此的「膽色」，連自己都嚇了一大跳！也讓他開始擔心兒子的未來會不會像自己的弟弟一樣誤入歧途，因為小白具備了很多誤入歧途的條件，後來上了國中之後這些徵兆更是明顯。首先，小白成績很差，很不喜歡讀書，也讀不來，課本對他來說就像天書一樣，看到書就想睡覺，加上家裡也沒有人有能力指導，因此成績一直都不好。第二，小白長相斯文瀟灑，剛上國中就開始有女生倒追，傳聞的女友一個接著一個，加上交友廣闊，經常跟朋友到處玩樂。第三，上國中之後在學校很喜歡出風頭，根據小白自己說在學校有一點「地位」，在學校其實不太有人敢惹他。

擁有諸多誤入歧途的條件且非常有膽色

雖然沒有因為上述這些原因被記過，但是還是很讓父母擔心小白的未來，萬一不小心誤入歧途將是他們夫妻兩個最不希望看到的結果，因此當小白參加課業輔導之後，爸爸就每天開著小發財車接送小白到課輔班上下課，而不讓小白自己騎腳踏車去課輔班，因為擔心小白騎腳踏車就會到處去找朋友而不會去課輔班上課了。

這麼多年過去了，當年擁有諸多誤入歧途的條件且非常有膽色的小白後來怎麼樣了呢？請看下回分解。

關公

眼睛像關公、臉也像關羽一樣紅的年輕人來課輔班等小白做甚麼呢？

　　小白打從上國中開始在學校頗具地位，這其實跟小白的個性與環境有一定的關係，小白交友廣闊，對朋友很講義氣，加上很有膽色，又有領導能力，因此在朋友圈當中很受推崇與歡迎。加上他有個在埔里滿有地位的親叔叔，還有幾位在國中與高職也很活躍與地位的堂哥，因此你就不難想像為何小白會在一次的記者採訪時「謙虛」的說在學校「有些」地位了吧！

他說在等小白

　　二○○四年的一個深秋的晚上，八點四十五分左右，突然我在課輔教室的騎樓看見一位年輕人蹲在騎樓的柱子旁，這位年輕人看起來應該是十六、七歲，理著很短的三分頭，

看起來不像是一般的高中職學生，比較像是已經出社會的社會人士。我問了身旁的社工員珮菱，她告訴我這位年輕人已經來了十分鐘左右，問了一下課輔放學的時間之後就獨自一人蹲在門口騎樓的柱子旁，問他在等誰，他說在等小白。

很短的三分頭引起我的注意

聽到他在等小白我就立刻警覺了起來，開始打量這位突如其來沒有見過的年輕人，這位年輕人除了很短的三分頭引起我的注意，因爲髮禁早已解除，因此通常會理這種三分頭的年輕人通常都是特定的族群比較多，而這樣的族群來找小白肯定不會有好事，因此我已經開始設想接下來可能面臨的危機與狀況，以及若眞的發生這些狀況時如何處理了。

以為是關老爺降駕博幼課輔班了

加上這位年輕人的眼睛是丹鳳眼，眼尾朝上翹，眼神有一種令人畏懼的霸氣，似乎是經歷過很多大風大浪的眼神，同時臉的顏色居然也是紅紅的，但看起來不像是曬紅的，更像是喝過酒之後的泛紅，果然走進一聞有淡淡的酒精味道。

當時我的腦袋裡面直接出現了三國演義中關羽的造型，因為不僅眼尾上翹的丹鳳眼看起來像關雲長，泛紅的臉也如關羽的大紅臉一致，甚至就連眼神的犀利都像武聖一般，最後只差這位年輕人沒有鬍子罷了！不然我都要以為是關老爺降駕博幼課輔班了。

必須盡早想辦法拆除這個炸彈

　　面對這突如其來的狀況，我必須趁著九點還沒到的短暫時間進一步了解，因為我很擔心這位年輕人是來堵小白的，我思量著如果我要阻止這位手長腳長，看起來身手矯健，眼神又犀利的少年郎，我有多少勝算呢？我想恐怕得付出不少代價。加上當天小白爸爸的小發財車一直沒出現，更讓我心裡沒底，因為如果小白爸爸出現的話，問題應該就不大，但是偏偏需要他的時候就越不出現。課輔班有二〇〇個學生，我必須確保學生的安全，不能讓學生受到威脅與發生意外，而顯然眼前這位年輕人極有可能就是威脅與意外的不定時炸彈，因此必須盡早想辦法拆除這個炸彈。

我是小白的堂哥

心中演完了一齣心理劇之後，我還是鼓起勇氣開口詢問這位年輕人的來意，他只是淡淡地告訴我在等小白，於是我就進一步追問說為什麼要等小白，他有點不耐煩地告訴我是受人之託，而我又不死心地追問受誰之託以及等小白要做甚麼？最後他似乎聽出了我的擔心之後才表明身分說：「我是小白的堂哥，我的大伯（小白的爸爸）今天有事，不能來載小白，請我幫忙載他回家。」

搞了半天，原來是我誤會了，於是我笑笑地跟他致歉，這時我再仔細的看眼前這位年輕人的臉型輪廓，長得的確跟小白有點相似，暗自覺得自己的觀察能力還是不夠老練，也太容易被狀況影響觀察力與判斷力了，還要多多練習。

所以你知道眼睛像關公、臉也像關羽一樣紅的年輕人來課輔班等小白做甚麼了嗎？

孝順

有義氣、不會讀書、有領導力的小白，為何願意乖乖的參加課輔到國中畢業呢？

　　根據媽媽的敘述，小白是一個很以自我為中心的孩子，很喜歡到處交朋友，因此朋友很多，也喜歡在朋友群中當領導者。上了國中之後經常在課後跟朋友到處去玩，因此媽媽很擔心小白的交友狀況，深怕小白會誤入歧途，因此當得知有免費的課業輔導時就非常積極的鼓勵小白參加課輔。

參加課輔對小白來說是一件苦差事

　　小白的成績其實很不好，也很不喜歡讀書，放學之後幾乎不會複習功課，經常不是在特產店幫忙顧店作生意就是跟朋友出去玩，因此參加課輔對小白來說是一件苦差事，小白是一點興趣也沒有。但是，因為小白很聽媽媽的話，通常也只有媽媽有辦法說服他，因此當小白表現出不想課輔的狀況

時，社工員就積極地與媽媽討論如何鼓勵小白堅持下去，因為媽媽很清楚不參加課輔之後小白一定會有很多時間跟朋友們出去鬼混，也一定會越混越大尾，最終一定會誤入歧途，因為媽媽很清楚小白在這方面的能力與本事。

是少見適合做生意的小孩

　　我們曾經請一位心理諮商師幫小白做過個別諮商，這位心理師做完幾次個別諮商之後，非常嚴肅且語重心長的對著我說：「文炎啊！這個小孩你要好好看住他，他有很好的領導才能，對朋友很講義氣、很大方，對媽媽也非常孝順，而且很有做生意的頭腦與思維，是少見適合做生意的小孩，如果好好培養，發展得好的話，將來也許可以開一家小公司自己當老闆。」我聽完很開心，很高興地說：「那很好啊！聽起來未來充滿希望啊！但是為何你（心理師）的表情一點都不開心呢！」於是心理師就接著說：「可是若是沒有好好看住他，依照他的個性任由他自己發展的話，就非常容易誤入歧途，因為對朋友很講義氣又很大方，加上有很有領導力，因此就很容易成為頭頭，就可能會往不好的方向發展，而他

是絕對有能力自己組一個小幫派，自己當老大的！而且你見過哪一個老大不孝順媽媽的嗎？小白幾乎完全符合老大所需的各種特質－領導力、膽色、講義氣、大方、長相斯文、口才很好、成績很差、孝順媽媽……」

心情就像洗三溫暖一樣忽冷忽熱

剛聽到前半段心理師的評論心情一下子大好，就像做夢一般的興奮，但是聽完後半段評論，我的心情瞬間從雲端跌落谷底，心情就像洗三溫暖一樣忽冷忽熱，從天堂掉到地獄般難受。但是，很快的我就回神了，趕緊思考如何避免小白誤入歧途，如何看住小白。

媽媽絕對是小白這一生最重要的貴人

首先必須把心理師的這番話讓小白的家長知道，也因為知道了心理師對小白的評論與分析，因此媽媽始終非常堅持小白必須參加課輔，這項決心從來沒有動搖過，也多虧媽媽有無法動搖的決心與毅力，面對小白任何不想參加課輔的理由都一一打回票，因此小白心中即使有一千個一萬個不願

意，最後還是敵不過媽媽堅強的決心，乖乖地每天到課輔班報到，堅持課輔到國中畢業，所以媽媽絕對是小白這一生最重要的貴人。

適合工作的對象經常都是個案的重要他人

而輔導小白堅持課輔到國中畢業最關鍵的因素是小白孝順媽媽的特質，因為從孝順這項特質著手，媽媽就是社工員最重要的「工作對象」，也是小白的「重要他人」，只有透過小白的重要他人—媽媽合作，才能對小白有足夠的影響力與約束力，才能讓小白沒有機會誤入歧途，否則就會非常困難，因為小白根本不會理會其他人的想法，因此在社會工作的過程當中找到可以工作的對象是非常重要的，而適合工作的對象經常都是個案的重要他人。

所以，你知道有義氣、不會讀書、有領導力的小白，為何願意乖乖的參加課輔到國中畢業了嗎？

垮
褲

你認為弱勢孩子穿「垮褲」的原因是甚麼呢？

　　國中的小白長得很斯文，但是功課很差，每一科都很差，小白很不喜歡來課輔，但是因為媽媽很堅持，他只好每天來課輔，因為他很孝順媽媽，他常常只聽媽媽的話，所以即使心裡有一千個不願意，但是只要媽媽堅持，小白還是乖乖地每天來課輔班上課，雖然晚上還要到課輔班對他來說是一件苦差事，上什麼課都提不起勁，尤其英文課更是淒慘。

還好有媽媽的堅持與支持

　　曾經有次電視台的採訪中剛好以小白為其中一位對象，當時小白已經是國三了，老師給班上學生二十分鐘的背十個英文單字，小白的十個單字當中字母都不超過五個，但是最後小白只能寫得出四個單字，而且還是錯的，所以，對小白來說不僅是白天的學校上課幾乎都聽不懂，甚至晚上的課輔

也非常困難，即使已經根據小白的程度降低學習的難度，對小白來說依舊不是一件容易勝任的事情。還好有媽媽的堅持與支持，小白才能堅持課輔到國中畢業。

雖然成績並不好，但是消息異常靈通

　　小白雖然成績並不好，但是消息異常靈通，埔里鎮上的三所國中有任何道上的消息，哪個學校誰跟誰發生重大衝突、後來如何解決、誰又是屬於哪一個勢力的小弟……等等這類的問題，只要問小白都可以得到答案。因此每當我想知道當時學校發生哪些重大事件，或者那些重大事件牽涉到課輔的學生時，小白就是一個非常重要的訊息來源。

在學校一般不太會有人敢去惹小白

　　小白在學校的地位表現從一件小小的例子就可以看出端倪，曾經有位學生告訴我小白在學校的狀況，他說在學校一般不太會有人敢去惹小白。如果不小心有人惹到小白的話，那個人會被莫名其妙被不相干的人修理一頓，但是學務處調查的結果都會是跟小白沒有任何關係，都沒有辦法取得任何

直接證據證明跟小白有關係。只是牽涉其中的學生其實都心知肚明，不過打人的都扛起所有的責任之後，就很難證明是否跟小白有關係了，所以國中三年小白都沒有因為這一類的事情被記過。可見得小白絕對不是一個只會爭強鬥狠，沒有腦筋的草包，相反的，他是個非常精明且有頭腦的小孩。

覺得小白一定是故意跟學校挑戰

小白國中三年只被記一支小過，而這支小過的原因不僅讓人覺得匪夷所思，同時也讓小白的爸爸忿忿不平。究竟是甚麼原因讓小白被記小過呢？原因是因為他的褲子太大、太鬆了，而老師認為他是故意穿當時很流行的垮褲，加上長期對小白的印象並不好，因此即使小白解釋也不被接受，覺得小白一定是故意跟學校挑戰，才故意穿垮褲，因此記了一支小過。

更多的是窮人的無奈與委屈

當小白的爸爸得知這件事情之後非常的生氣，因為小白並不是故意穿垮褲，是因為那件褲子是別人給的，但是因為

大一號，所以就很鬆垮，看起來就像是故意穿垮褲一般。而這件事情爸爸也很難到學校去跟老師說明，因為到底要怎麼誠實的跟老師說因為家境困難，所以只能接受別人給的制服褲呢？這對於弱勢的家長來說就像是啞巴吃黃蓮，有苦說不出一樣難過與難受，當爸爸跟我提起這件事情的時候仍然非常的忿忿不平，但有更多的是窮人的無奈與委屈，因為他覺得這根本就是在歧視窮人，故意找窮人麻煩嘛！

原來督導也有

我只能用過來人的經驗跟爸爸分享，分享自己的遭遇過的不公平對待，試圖去同理爸爸的感受與委屈，那一刻我彷彿回到了過去因為貧窮而遭遇的不公平對待，而當我說出的感受時，小白的爸爸似乎找到一位可以理解他那無奈又憤怒情緒的同理者時，感受到被理解之後，情緒很快地就緩和下來了，因為他發現不是只有他有這樣的遭遇與委屈，原來督導（我）也有，如此看來這件事情似乎就沒有那麼嚴重了。

互相理解與協助對方更為恰當

　　而我在分享自己的經驗之後，似乎也不再對過往的那些不好的經驗只存在負面的印象與情緒了，似乎在這個過程中慢慢加入了一些正面的元素了，所以，與其說是我同理的小白的爸爸，不如說我們互相理解與協助對方更為恰當吧！

　　所以，當弱勢孩子穿「垮褲」時，你應該了解的是甚麼呢？

每個人都有一條堅持要走的路

小安

您知道像小安的弱勢小孩最大的期待是甚麼嗎？

二〇〇三的三月，當時是國一學生的小安開始參加課業輔導，是博幼基金會埔里中心第一批收的課輔學生，小安在家裡是個很安靜、很聽話的女孩子，但在學校與課輔班卻有些叛逆，總想趕快長大出去賺錢，早點脫離家裡、脫離媽媽。

家裡並沒有溫暖，只有負擔與責任

雖然是長女，卻因為媽媽未婚生子且重男輕女的關係，加上媽媽患有長期的憂鬱症，所以並沒有得到媽媽足夠的愛與照顧。對小安來說「家」就是有一個長期無法工作、狀況時好時壞的媽媽與被寵壞的弟弟要照顧，不僅從小要幫忙照顧小三歲的弟弟，還要負擔大多數的家務，弟弟犯錯，常常都是小安受罰，因此對小安來說，家裡並沒有溫暖，只有負擔與責任。

　　小安一家三口租屋在埔里鎮上的不同老舊社區當中，因為老舊社區房租相對便宜，但是居住品質自然就不是太好，不過對經濟狀況很不好的小安一家人來說，能有地方住就已經很不錯了，至於常常搬家的原因當然是常常繳不出房租而被迫搬家，因此，國二的小安已經不知道搬了幾次家了，還好都在埔里鎮上，所以都不需要轉學，否則小安的狀況應該只會更差。

一種不再相信自己可以跟命運搏鬥的無助感

　　面對長期深受憂鬱症困擾的媽媽，小安早已習以為常，已經學會不再回嘴，甚至已經有些認命，反正她也無力改變狀況了，只是期待趕快長大，早日脫離這樣沒有盡頭的苦難日子。因此剛參加課輔時也不太跟老師說話，只是被動的接受所有大人的決定，那是一種強烈的「習得無助感」，一種不再相信自己可以跟命運搏鬥的無助感，這就是小安剛開始給我的感覺。

有幸福童年的大人，有甚麼資格評論這些小孩的行為與價值觀呢？

　　我不知道是甚麼樣的生活經驗造成小安的反應，但我知道這絕不是短時間造成的，絕對是長期處在壓力與不安環境中的孩子才會造成的反應與結果，而小安居然還願意參加課輔，想一想我都覺得很佩服小安。在課輔班能讓我佩服的小孩很多，因為我始終認為這些弱勢的孩子可以在經歷過這些苦難，卻還沒有完全放棄自己，同時為了生存發展出各種的自我保護機制，真的非常不容易，我都不一定做得到！有幸福童年的大人有甚麼資格評論這些小孩的行為與價值觀呢？大人應該先問問自己若是經歷這些苦難，自己又能比這些孩子高明多少呢？「同理」的練習就從「換位思考」開始，這是有幸福童年的大人應該認真學習的技能。

任何的說教與阻止其實只會更堅定我們想要脫離的決心而已

　　當我知道小安急於長大，期待脫離原生家庭時，我毫不驚訝與意外，我也不會告訴小安這種想法不對或不應該，更不會阻止小安有這種想法，因為我知道小安有這種想法非常

正常，我也大致可以理解，因為以前我也有一樣的想法，而且我發現這樣的想法普遍存在在弱勢青少年的心裡面，任何的說教與阻止其實只會更堅定我們想要脫離的決心而已。

我希望可以協助小安順利「長大」而「脫離」家庭

因此我認真的跟小安討論如何用比較適合小安的方式趕快長大，如何用比較適合小安的方式脫離現在的苦難。於是我跟社工員一起協助小安一家改善家庭的困境，也跟小安討論國中畢業之後的選擇，最後我們都一致認為就讀高職是小安比較適合的選擇，因為高職畢業就可以開始工作，負起分擔家庭經濟的重擔，有了明確的目標與方向之後，雖然過程當中依舊會有無數的難關需要克服，但是至少小安有了目標與方向，不會只是為了「脫離」家庭而期待「長大」，我希望可以協助小安順利「長大」而「脫離」家庭。

所以，您知道像小安的弱勢小孩最大的期待是甚麼了嗎？而您了解身為社會工作者應該做甚麼了嗎？

揪
心

什麼話是我在從事社會工作過程中最揪心的話呢？

　　二〇〇四年剛剛結束梅雨季的陰霾，但卻尚未完全從陰雨綿綿的憂鬱情境走出五月天，陰雨綿綿的梅雨季除了下雨帶來的不方便之外，很多打零工的弱勢家長工作被迫暫停，收入中斷與不穩定更容易讓弱勢家庭陷入危機，長時間的陰天也帶來了憂鬱的情緒，陰天總是很容易讓人心情低落，讓人看不到希望與未來，也總讓人覺得舉步維艱，困難重重。

我已經將繩子綁好了

　　早上十一點左右的一通來電讓我的心臟糾結在一塊，遲遲無法正常呼吸。來電的是小安的媽媽，電話那頭沒頭沒腦的來了一句：「督導，以後我的小孩就麻煩督導幫我照顧了！」，一開始我根本沒有聽懂，於是我請媽媽再說一遍，第二次我聽懂了，而我的心臟一下子全部糾結在一起了，差

一點沒有辦法正常呼吸了，我的腦中出現了三秒的空白，恢復之後我馬上意識到不對勁，媽媽似乎有喝酒，於是我追問了一下發生甚麼事情了，追問之下不得了，媽媽說：「我已經將繩子綁好了，督導，你是我唯一可以找的人了，以後我的小孩就麻煩督導幫我照顧了！」

我需要問一下怎麼照顧她的孩子

剛好接手機前一刻我正與前執行長討論事情，於是我趕快用一旁的紙筆寫下小安的媽媽要自殺，請前執行長趕快報警，而我則一邊講電話一邊開車趕到小安的家裡，一路上我一直找話題跟媽媽聊天，聊的內容不是要她想開一點、不要自殺、忍一下就過去……等這一類的話語，而是跟她說我自己還沒有小孩，所以我需要問一下怎麼照顧她的孩子，不然我擔心我會沒有辦法照顧好她的小孩，同時問她小孩的日常生活習慣、喜歡吃的東西、喜歡穿甚麼樣的衣服、興趣是甚麼……等等。

一個已經喝醉且已被生活壓力與憂鬱症逼得走投無路的母親

　　很快的十分鐘的車程就在這些問題的一問一答當中度過，第一次我發現自己的潛能，居然可以在十分鐘之內了解如何照顧兩個小孩，同時我到小安家時請媽媽開門，原本媽媽並不願意開門，後來我以我需要知道小孩的東西有哪些，以及在哪裡為理由讓媽媽開門。一進門我果然看到門口的玄關處綁著一條粗粗的繩子，冰冷的垂吊在我的眼前，還有一個已經喝醉且已經被生活壓力與憂鬱症逼得走投無路的母親，那一刻我感到生命的無奈與不公平，那一刻我甚至開始懷疑自己是否有能力協助這個家庭。

她覺得我應該比較可以把孩子照顧好

　　媽媽看到我之後就一直哭，一直哭，她說她不知道該怎麼辦，她覺得她已經撐不下去了，她想要結束自己的生命，因為太久了！可是她又放心不下兩個小孩，身邊也沒有合適的親戚與朋友可以託孤，於是她打電話給我，讓我幫助照顧兩個小孩，因為她覺得我應該比較可以把孩子照顧好。

　　就在我到的三分鐘之後，前執行長帶著警察與消防隊員

來到小安的家，在安撫媽媽一陣之後，媽媽同意到醫院看醫生，後來媽媽在醫院中住院了一段時間之後才出院回家，後來也穩定的看醫生與吃藥，憂鬱症的病情才慢慢獲得控制，直到小安與弟弟國中畢業離開基金會爲止，媽媽都沒有再發生類似的狀況了。

期待自己成為個案在最困難的時刻，第一個求助的對象

事後我回想那一通電話，我何德何能成爲小安媽媽最後一通電話交代後事的人呢？有多少人可以接到這種電話呢？雖然我並不喜歡接這種電話，但是我想我也不會逃避這種責任。經過這次事件之後，我對自己與社工員的期待有了新的指標，那就是「期待自己成爲個案在最困難的時刻，第一個求助的對象」，雖然這些時刻都是個案最艱難的時刻，但是身爲一位社會工作者，我期許自己有幸參與協助這最艱難的時刻，因爲「我（社會工作者）就是爲了這個時刻而生，不是嗎？」

「督導，以後我的小孩就麻煩督導幫我照顧了！」這是我在從事社會工作過程中最揪心的話，那你的呢？

自
決

「督導，大學我想考舞蹈系，不想考電機系了。」

　　當一個參加課業輔導的弱勢孩子好不容易考上公立高職的電機科，高職三年成績是電機科第一名的孩子告訴我這段話時，我是真的愣住了！

必須放下我自己的價值觀念

　　二〇〇九年元月，桃園的天氣陰冷的可怕，當時我的內心寒冷地像是還沒有從嚴寒的二〇〇八年金融海嘯甦醒過來一般，一大早我就開了一八〇公里到埔里要與一位高三的學生會談（當時我已經從埔里調職到尖石中心當督導了，住在桃園龍潭），而我的任務就是希望說服他打消考舞蹈系的念頭，但是經過一個小時的會談之後，雖然我的內心有一百個擔心，有一千個不願意，但是我知道「孩子」長大了，我終究還是必須放下我自己的價值觀念，在確定孩子獲得足夠的

資訊，也已經成年了，並且充分了解選擇之後接下來要面對
的困難與挑戰有多麼艱辛與崎嶇之後，將最後決定的權力交
還給孩子，因為這是我的社工專業訓練教導我這時要尊重
「案主自決」了。

我的感覺是既驚又喜

看著當時已經認識六年的小羅（化名），眼中充滿堅定
與信心的神情，我的感覺是既驚又喜，驚的是曾幾何時當年
那個矮小瘦弱、面黃肌瘦、說話畏縮、沒有自信的小個子，
如今已經可以面對全博幼最可怕、最凶狠的督導毫無懼色，
不知不覺中小羅都已經長大可以為自己的想法與未來據理力
爭了；喜的是經過課業輔導的協助，小羅的基本能力完全沒
有問題，就算他選擇舞蹈系，決定走上表演這條路，他也不
是只會表演而已，他具備的基本能力應該可以協助他在表演
這條路上走得比其他人更寬廣、更長久，同時有更多的可能
性，我想這是最值得我們高興的地方了。

他跟只會表演的人是不一樣的，對不對？

後來當小羅參加百萬大明星進入前八強時，董事長終於知道了這件事，雖然他一開始也跟我一開始一樣的覺得可惜，但是很快的他就說了一句很重要的話，那就是：「我們的學生（小羅）就算以後不走表演這條路，也絕對有足夠的能力找到不錯的工作，對不對？他跟只會表演的人是不一樣的，對不對？」

沒有基本能力，技能的發展就容易受到限制，容易遇到瓶頸

博幼的課輔強調基本能力，為什麼呢？因為有了基本能力之後一切的技能才能持續性的發展，才不容易被淘汰與取代，同時也才能有足夠的能力經營技能，甚至轉型升格當老闆；只要沒有基本能力，技能的發展就容易受到限制，容易遇到瓶頸，一旦受傷也不容易有能力轉行，更不要談升格當老闆經營技能的事業了。

那一天當我準備要離開埔里繼續我的一八〇公里的旅程時，天空之中有溫暖的冬陽照耀著，當時我的內心也感受到了滿滿的溫暖與成就，看來這一趟來回四個多小時的車程是

值得的，因為我帶走的是埔里溫暖的冬陽。

後來

「參加百萬大明星的小羅後來的發展如何？現在在做什麼工作呢？」

前幾天小羅的文章一發表，好多人都在問同一個問題，那就是小羅後來的發展與現在的工作如何了，我想這是多數人關心的重點，不僅協助過小羅一家的社會福利機構關心，社會大眾也應該關心，因為我們的社會上有許多像小羅這樣的弱勢小孩，期待能靠自己的努力與他人的協助翻身，而一個文明的社會就是應該提供足夠的機會與協助，讓弱勢者有機會努力，有機會翻身。我想我們都希望台灣是這樣的一個社會，也很多人一起在努力營造這樣的社會環境，所以我很慶幸我生長在台灣，更慶幸我有機會參與助人的社會工作。

電視台的通知

在百萬大明星七強決定賽前突然接到電視台的通知，希

望可以錄一段話鼓勵小羅，因爲對小羅來說博幼基金會與家扶中心是一路陪伴與協助他們一家的社會福利機構，我當時想了很久要給小羅什麼鼓勵的話，後來我決定送給他的話是：「人生當中會有很多挫折，但是這些挫折都會促使你更加的努力，也會讓你的生命更加精采。」這些話是我自己親身經歷之後的體悟，我想小羅絕對能夠聽得懂，也能感同身受這些話的境界的。

　　他在節目上也介紹了博幼基金會的創辦人是李家同教授，他說：「督導（當時埔里的督導就是敝人在下我）對我們很好，其實如果沒有他們的話，或許我們家就不會走到現在，因爲我們家當時過得不是很好。」媽媽（之前患有憂鬱症，後來經過治療康復了）也說如果沒有埔里的家扶中心跟博幼基金會她可能早就不在了，所以她非常感謝這兩個社福單位。

身為一位社會工作者與有榮焉的驕傲與感動

小羅高職畢業之後，大學順利地考上了舞蹈表演相關的科系，後來還考上了舞蹈研究所，也參加很多相關的比賽，也

獲得不錯的成績，也加入了知名的劇團表演。二〇一四年有一次在埔里巧遇小羅的媽媽，得知當時小羅正準備開舞蹈教室，後來在社群媒體上也看到舞蹈教室的訊息，也看到一些小羅的舞蹈表演，很爲他能夠堅持自己的目標努力而感到高興，也爲他有足夠的基本能力可以經營一間舞蹈教室而感到欣慰，這是身爲一位社會工作者與有榮焉的驕傲與感動。

能不能真的對服務對象有長期的幫助是一件重要的事情

　　每一個社會福利單位都應該交代服務對象後來的發展，因爲社會福利機構的服務究竟能不能眞的對服務對象有長期的幫助是一件重要的事情，這不僅是對捐款人捐助的責信，也是社會工作者對自己工作的檢視，更是對服務對象的尊重。很高興越來越多人在意長期的服務成效，也希望重視長期服務成效的社會福利機構越來越多，大家也都一起問「服務對象後來怎麼樣了？」

飲料

你最喜歡喝的飲料是甚麼呢？

二〇二〇年的秋天是我這幾年來難得沒有過敏的秋天，雖然疫情打亂了所有的步調，但是這一年卻沒有比較輕鬆，依舊很忙碌，但是少了四處奔波的路程，多了一些時間在埔里辦公，也因爲這樣遇到了好幾位十幾年前輔導過的課輔班學生，這算疫情下的意外收穫吧！

綁著馬尾看起來精明幹練的年輕女孩

一個涼爽的中午休息時間，我走進一家連鎖的手搖飲店點完飲料要掏出信用卡結帳時，突然從店內走出一位綁著馬尾，看起來精明幹練的年輕女孩，她告訴店員這杯飲料記在她的帳上，由她買單，不用跟我收錢。簡潔精準的說話語氣聽得出來是一位嚴格且不苟言笑的主管，店員立刻戰戰兢兢的回答：「是！店長！」而這位店長與我四眼相接時馬上對

我眨眨眼睛，露出頑皮的笑臉，笑著喊：「督導好！」我愣了一下，馬上就認出她是我第一年（二〇〇三年）在博幼基金會埔里中心收的學生小玉，透過基金會的追蹤資料我知道她是知名連鎖飲料店的店長，但是我並不知道她已經從桃園回來埔里了，所以見到他的第一時間見到她成為一位架式十足的店長時，還真是有點難以習慣，因為對小玉的印象還是停留在國中時的樣子。

希望自己趕快長大賺錢，分擔家計，分擔家人的負擔

小玉住在埔里知名的佛寺附近，離埔里街上有十幾分鐘的車程，就讀的國小有超過一半的弱勢家庭學生，參加課輔時小玉是國小五年級，成績名列前茅，小玉來自單親與隔代教養的家庭，爸爸因為只有國中畢業，所以只能以打零工維生，但是因為身體也不好，所以經常沒有工作，收入根本無法維持家計，也常常因為沒有工作而心情不好；而祖父曾經車禍傷到腦部，雖然不需臥床，但是卻走路不穩，因此只能在家做一些簡單家務，無法外出工作；祖母反而是家中穩定的經濟來源，案祖母每天需出門工作養家，做雜工、除草、

種山藥……等零工，時薪只有一百元，一天最多可以賺八百元。但是祖母心臟不好，有心律不整的毛病，需每天吃藥，定期會到衛生所拿藥，而腳膝蓋也因爲年老與工作的緣故經常酸痛，因此看在小玉眼中就希望自己趕快長大賺錢，分擔家計，分擔家人的負擔。

既然如此，為什麼還要用功呢？

尤其上了國中之後小玉就很明顯地希望趕快工作，因此有很長一段時間在輔導小玉的觀念與想法，因爲想趕快工作，所以小玉就不想讀書了，因爲她只想趕快工作賺錢貼補家用，家裡的經濟也不可能供他上大學，既然如此，爲什麼還要用功呢？這樣的想法是很多弱勢家庭小孩在國中時的想法，這時如何引導孩子與提供必要協助就是成敗的關鍵了。

認真的跟孩子討論 "他們" 要如何賺錢？

我都是站在孩子要賺錢是一件對的事情來與孩子分析與討論，這個方法我覺得非常重要，因爲通常你一開始就否定青少年的想法之後，就很難跟青少年溝通了，因爲說教是一

點用都沒有的。站在孩子的立場來看賺錢這個問題，認真的跟孩子討論"他們"要如何賺錢？賺什麼錢？有了賺錢的共同目標之後孩子才能聽得進去你的話，再來分析孩子的優缺點與特質，讓孩子清楚自己應該怎麼賺到自己想要的錢，這個過程中要加上可以提供家庭與孩子協助的資源，比如獎學金、獎助金、打工機會 ......等，最後還要再加上家人的「最高期待」，才能完整的有效地討論出來孩子應該如何賺錢。

最高期待，不是只有期待

記得是最高期待，不是只有期待，因為一般弱勢家庭的家長都因為無法提供足夠協助與資源，所以不敢對孩子有期待，永遠都只能希望孩子不要學壞就好這樣的低期待，這根本不是家長真正的期待，只是因為家庭的資源太少不敢有任何奢望，但是現在不同了，加上了基金會的資源與協助家長就可以有高期待了，在這樣的前提下家長說出來的期待才是真正的期待。

懂事到會讓身邊的大人為這些孩子心疼

希望趕快長大是懂事的弱勢小孩都會出現的想法，這個想法其實不是不懂事，而是太懂事！懂事到會讓身邊的大人為這些孩子心疼，還好最後我們有將小玉輔導到國中畢業，順利念完高中職，之後小玉就進入連鎖的手搖飲工作，並且以店長為目標，經過好多年的努力，小玉做到了，小玉賺到自己應該能夠賺到的錢了。

從事社會工作的這一刻我感到的「幸福」

當我手裡拿著小玉請我的飲料，嘴巴裡面酸酸甜甜的味道，就是我最喜歡的梅子綠，看著黃色有數字招牌的飲料店，腦中浮現的是當年小玉在課輔班的身影，心裡滿滿的是激動與感到驕傲的情緒，果然從事社會工作的這一刻我感到的「幸福」，你猜到是哪一家手搖飲了嗎？

脫
貧

協助弱勢孩子達到經濟脫貧就是終點了嗎？

二○二一年十二月三十日，在二○二一的最後一個上班日，我回到了自己的故鄉－雲林縣，在博幼基金會雲林中心的新建辦公室展開二○二一年的教育脫貧講座第十場。距離上一次的全體員工教育訓練－教育脫貧講座已經過了好幾年，而這次的講座原本規畫也是全體的基金會員工教育訓練演講，但是因為疫情的關係一延再延，為了避免疫情造成過多教育訓練的停擺，因此索性就化整為零，到各中心去辦講座，一來節省同仁們的交通時間，避免影響平時課業輔導的日常工作；二來也可以大幅降低聚集的人數，同時可以有更多機會與中心同仁互動與溝通，更能貼近不同地區的需求。

教育脫貧究竟可以走到什麼程度

這幾年隨著服務的弱勢孩子一個一個慢慢長大，越來越

多孩子出社會工作，透過追蹤基金會掌握了絕大部分孩子的求學與就業狀況，這些追蹤的訊息也讓我在思考教育脫貧究竟可以走到什麼程度，或者換句話說，協助弱勢孩子的社會福利單位究竟「應該」、「可以」協助到哪個程度。這個問題其實剛到博幼基金會的前幾年就一直有人提出來，因此這個問題從很早以前就一直在思考，一開始的時候我其實沒有什麼清楚的概念，只是簡單的將目標著重在經濟的脫貧，簡單的將目標放在協助弱勢孩子具備基本能力，協助他們長大之後找大一份正當而穩定的工作，養活自己與家人，協助弱勢孩子脫離貧窮與犯罪。

很少有國家或組織敢宣稱成功的戰勝貧窮

　　要協助弱勢孩子長大之後脫離經濟弱勢，找到一份正當而穩定的工作脫離貧窮與犯罪，其實是一件非常困難的事情，原因多如牛毛，從古今中外很少有國家或組織敢宣稱成功的戰勝貧窮這件事情就可窺見一二，當然或許是敝人孤陋寡聞，但是我的確並不清楚有很多國家或組織很成功且大量的協助經濟弱勢者脫貧貧窮與犯罪，同時又有長期的良好效

果。因為要做到這件事情不僅需要很好的方法，同時還需要有非常長的時間才能證明效果，因此光想得到的困難就非常的高，同時還要面對與因應不斷層出不窮的新興社會問題，更何況實際執行呢？

我也不知道我們面對的這堵牆究竟有多高

因此，我總是將貧窮當作一個龐然大物，一堵深入雲端、根本高不可攀的牆，面對這座高牆時，我只有擔心自己的方法與努力不足，卻從來沒有思考過足夠的時候，因此當社工員問我協助弱勢孩子究竟要協助到何種程度時，我總是告訴他們：「盡你所能的協助，能幫助到哪裡就幫助到哪裡！」因為我也不知道我們面對的這堵牆究竟有多高，究竟能不能協助弱勢孩子翻過牆去。

慢慢的，這幾年因為時間夠長了，很多弱勢孩子長大了，也有很多孩子找到正當而穩定的工作，養活自己與家人，似乎有達到經濟脫貧的跡象與現象，雖然一方面令人振奮與鼓舞，因為看來方向似乎是對的，但是，一方面我們也感受到了另外一些問題與隱憂。擔心的問題與隱憂是服務成

效的效果可以維持多久？這樣的現象到底能不能長期維持？
將來再落入貧窮的機率與風險會不會很高？或者會有多高？
但是這個問題似乎很難預估與掌握。

當弱勢孩子爬得夠高之後

於是我開始思考這個問題，如果我們沒有辦法預估與掌握機率與風險，那麼一直擔心似乎對事情也沒有幫助，因為有太多因素不可控制。那麼，或許可以換個角度來努力，與其消極地擔心會不會再次落入貧窮與犯罪，為何不積極地協助弱勢孩子爬得更高呢？當弱勢孩子爬得夠高之後，就不必再擔心會再次地落入貧窮與犯罪，這樣不就結了嗎？

曾經發生過的事情不可能忘記，只是想不起而已

同時我發現自己的脫貧經驗中，經濟脫貧（二十九歲我就沒有家裡與自己的任何負債）之後我並沒有因此而「接受自己」，尤其是小時候的自己，因為後來回想才發現當我十四歲最後一次搬離故鄉之後，一直到二十九歲進博幼基金會工作這段長達十五年的時間，我一直在努力地想要擺脫與

遺忘我的過去，而我好像也差一點點成功了，因為這十五年當中我離開了原本的生活環境，與國小、國中同學幾乎沒有聯絡，我也幾乎沒有跟那段時間認識的同學、師長、朋友、同事、主管……等談起過那些令我難過、悲傷、憤怒、羞辱、難堪……的過去，除了我的前女友（現任太太）幾乎沒有人知道，而我也在這十五年當中幾乎以為自己已經忘記這些發生過但不想想起的過去，直到我在博幼基金會課輔學生的身上與家庭遇見了「觸發」埋藏在內心最底層最深處的記憶，當我碰到跟早期經驗類似或相仿的人物、物品、情境……等事物時，就會被強迫想起過去發生過的事件，這樣的狀況果真就像是宮崎駿的動畫－神隱少女劇中的一句經典台詞般奧妙，台詞是這麼說的：「曾經發生過的事情不可能忘記，只是想不起而已。」

而當我想起這些觸發的情境時，我就知道經濟脫貧並不是若是脫貧的終點，它只是另外一個起點罷了！

所以聰明如你，猜得出來下一個階段的終點是什麼嗎？

每個人都有一條堅持要走的路

追蹤

當你服務的孩子超過追蹤年齡之後，追蹤就只能停止了嗎？

　　課業輔導的最終目的是希望弱勢孩子脫離貧窮與犯罪，因此博幼基金會將機構的定位定在「脫貧的機構」，而不只是一個「課業輔導的機構」，因為課業輔導是協助弱勢孩子脫貧的方法與過程，而不是目的，最終目的乃是「脫離貧窮與犯罪」。

課輔結束並非就是服務的結束

　　既然最終目的是脫離貧窮與犯罪，那麼就不能不做追蹤服務，博幼基金會的追蹤服務不是只是被動地取得追蹤者的相關資訊，更多的目的其實是透過定期的追蹤了解弱勢孩子在脫貧的道路上還需要哪些協助，因為課業輔導只到國中畢業（十五歲），十五歲的弱勢兒童真的可以完全靠自己就脫離貧窮與犯罪嗎？其實幾乎是不可能的，所以課輔結束並非

就是服務的結束，只是另外一個階段的開始而已，而這一個階段的服務我們打算追蹤到三十歲，因爲古人說：「三十而立！」三十歲大概是一個人生的分界點，三十歲以前比較需要協助與不穩定，三十歲以後大概就定型了，因此我們就將追蹤服務訂在三十歲。

基金會是不是明年就不再追蹤我了？

而隨著課輔學生年齡的增長，超過三十歲之後，有一天小芬就在 FB 上面問了我一個問題，她問說：「督導，我已經三十歲了，基金會是不是明年就不再追蹤我了？」看到這段話語時，我突然感到一陣心痛，感覺好像基金會要拋棄小芬了，可是，這不是基金會的本意啊！基金會不是要拋棄這些課輔的孩子，可是，對於這些孩子來說基金會的課輔班恐怕已經成爲他們的第二個家，而服務他們的工作人員與老師都可能被視爲要好的朋友，甚至是半個家人了！而當他們長大之後，突然感受到被拋棄的感覺，我想如果是我也會有被拋棄的感覺，也會問出這個問題。

彼此也早已是各自生命中不可分割的一部分了

　　於是我們重新思考追蹤這個議題，訂三十歲結束追蹤的想法是這些孩子需要協助，三十歲以後應該就不太需要基金會的協助，甚至很多孩子都可以有正當而穩定的工作與生活，因爲如此，基金會能做的服務其實已經很有限，也沒有太大的需求與迫切性，這也是當初設定結束追蹤的原因。然而，在私心上，看著已經認識超過十五年的課輔學生，早就把這些孩子當成自己的晚輩來看待，有些孩子交男女朋友都還會帶回來基金會給督導鑑定、結婚也會邀請我們去參加、甚至生小孩還會帶回來基金會給我們看……等，這些關係早已超過社工與案主的關係了，而我們彼此也早已是各自生命中不可分割的一部分了，所以結束追蹤看似簡單，卻是充滿無情與殘忍，根本有違人性，這不是我要的社會工作，更不是我的社會工作！

需求創造服務

　　於是，我想起了一句話，那就是「需求創造服務」，同時我設身處地的思考，如果我是課輔的孩子，我會想要怎麼

做？我會想要跟基金會保持甚麼樣的關係？同時我會願意做甚麼？經過一番思考之後，我大膽的提出我們應該將追蹤延長到四十歲，甚至五十歲、六十歲。聽起來很荒唐，難道要服務個案一輩子嗎？怎麼可能有這麼多的社會資源可以用到六十歲呢？這不是會造成福利依賴嗎……等等疑問。這是多數人一聽到延長追蹤年齡的反射性想法，但是當聽完我的想法之後，很多人都認同我們應該將追蹤年齡上修到四十歲以後了，這是為什麼呢？

一開始大家都被自己的認知所限制

因為，其實一開始大家都被自己的認知所限制，一般我們認知的追蹤是提供協助，其結果當然是資源與人力的服務投入，因此當然是資源與人力的付出，對基金會來說就是經費與人力的消耗，可以如果這些超過三十歲的孩子有正當而穩定的工作與生活，對博幼基金會也有一定的情感與認同，那麼難道他們永遠只能從基金會獲得資源嗎？難道他們在脫離貧窮與犯罪之後，可以養活自己與家人之後，不能成為基金會的資源嗎？不能成為捐款人嗎？不能成為現在課輔學生

的成功的典範嗎？不能來基金會當志工嗎？不能現身說法鼓勵其他人或企業捐款給基金會嗎……等。而我相信這些親身經歷課輔的學生比任何一個人都更具備說服力，更能說明課業輔導到底如何協助他們脫離貧窮與犯罪，不是嗎？

社會工作者如何將不可能變成可能

　　優勢觀點告訴社會工作者，每個人都有優勢，只要優勢獲得良好的運用與發展，弱勢者也可以脫離弱勢，而其中最重要的就是社會工作者如何將不可能變成可能，將劣勢轉化為優勢是最困難的，這也是社會工作最大的價值與專業。

　　所以，您贊同博幼基金會將服務的年限延長超過三十歲嗎？

蒜頭

對於弱勢孩子來說，擁有「在地觀」之前須具備甚麼呢？

　　二〇二二年六月一個剛剛下完大雨的夏天晚上，等待梅子綠的過程中，小玉（飲料店店長）正好全副武裝準備騎摩托車下班，一走出店門就認出在等候飲料的我，而我也幾乎在同一時間認出小玉，雖然她穿著外套，戴著全罩式安全帽，與平常在店裡的形象大不相同，不過對於有著超強人臉辨識的我來說並不困難。

雲林縣四湖鄉的蒜頭，當然是最棒的蒜頭！

　　小玉發現我的飲料還沒做好就再次走進店裡幫我親自特調一杯梅子綠，然後我們就在店門口的騎樓下，聊著上次送小玉的蒜頭不知道有沒有收到？小玉這時才知道蒜頭是我送的，因為雖然我交代小玉的同事說是「督導」送的，但是很顯然她的同事完全忘記「督導」了，直到那時小玉才知道蒜

頭是我送的。接下來小玉問我說督導，我姑姑說蒜頭炒菜很
好吃，我說那是當然，那可是雲林縣四湖鄉的蒜頭，當然是
最棒的蒜頭！其他地方的蒜頭我覺得都比不上雲林的蒜頭。

大人會恐嚇不聽話的小孩，要送小孩到海口吃地瓜

　　小時候並沒有覺得故鄉有任何事物可以自豪的這種感
覺，總覺得故鄉是鄉下地方，經常被鄙視為落後地方，還聽
說有些地方的大人會恐嚇不聽話的小孩要送小孩到海口吃地
瓜，雖然是玩笑話，但身為別人口中的海口人，聽到這種玩
笑話，我依舊感到濃濃的哀傷。因此有很長一段時間覺得相
當自卑，自卑自己的家庭經濟狀況不好之外，也因為自己的
家鄉是別人眼中的窮山惡水之地，從來不知道家鄉的蒜頭品
質居台灣之冠。而經過自身體驗吃過各地不同的蒜頭之後，
終於實際客觀地了解雲林蒜頭的優良品質，而並非只是盲目
主觀地相信「自己家鄉的東西最好」而已！

弱勢學生的服務應該要很注重在地化的認知與認識

　　這件事情讓我想起幾年前在靜宜大學跟兩位法律系教授

的對話，話說幾年前的一個週六中午用餐時間，與一位靜宜大學法律系的王教授一起共進午餐，同時等候法務部一位司長，希望與司長討論博幼基金會是否有機會與法務系統合作課輔的可能性，而居中牽線的正是王教授。用餐期間正好另一位法律系的A教授（我忘了她的姓氏）也坐同一桌，於是王教授就介紹我們互相認識，當然也就介紹一下博幼基金會的服務，聊著聊著A教授就說了一些她對於課輔的看法，她認爲這些弱勢學生的服務應該要很注重在地化的認知與認識，基金會應該要在這些方面多著墨才是。聽完之後我其實面有難色，並不是十分認同A教授的看法，因爲類似的言論我聽過很多，很多單位或個人常常認爲博幼基金會應該要多發展課業以外的能力、技能與才藝，而不是一直強調課業能力。但是，現場我其實不好表達我眞實的想法，同時我也沒有想出一個能夠反駁的理由與論點。就在我不知如何回應比較好的時候，王教授很快地接過話回應，同時一針見血的指出我一直沒有想通的盲點。

具備「世界觀」的能力之後，才有資格談「在地觀」

王教授很直接地說這些弱勢孩子的問題不在於缺乏「在地觀」，而是在於缺乏「世界觀」，缺乏基本能力與對這個世界的基本認識與認知，而要擁有在地觀之前必須先具備世界觀，有了世界觀才有比較的基準，才能真正認識在地觀。因此博幼基金會才會把重點放在培養弱勢孩子的基本能力，充實他們的世界觀，只有等到具備「世界觀」的能力之後，才有資格談「在地觀」，因為在地觀必須有世界觀做基準，才能比較客觀的理解在地觀，否則就會只是一味地盲目相信在地觀，而這種盲目地相信是不具客觀性的，那樣的在地觀只是「以井觀天，夜郎自大」而已！而博幼基金會現在做的事情就是在協助弱勢孩子具備世界觀，而具備世界觀就已經耗掉他們半條命了，根本遑論加強在地觀了！同時世界觀是在地觀的基礎，因此必須先具備，否則在地觀就只是無根的浮萍罷了。

夜郎自大有說服力嗎？

王教授的一番話一語中的的點出關鍵所在，當場我都豁

然開朗了，簡單精確地說出問題關鍵的能力讓人佩服不已！是的，在地觀的前提是須具備世界觀！這放在蒜頭這件事情又何嘗不是如此呢？如果我只知道雲林的蒜頭品質很好，但是卻不認識其他地方的蒜頭，沒有能力比較，無法說出雲林蒜頭跟其他地方蒜頭的不同有優點，那麼我應該只是盲目地相信雲林蒜頭比較好而已，這樣的夜郎自大有說服力嗎？

　　所以，你知道對於弱勢孩子來說，擁有「在地觀」之前須具備甚麼了吧！

終
點

如果經濟脫貧不是協助弱勢孩子的終點，那麼終點是甚麼呢？

　　二〇二一年十月六日，我很榮幸地參加了家扶基金會七十周年的國際研討會，在青年論壇當中與其他四位傑出的青年共同受邀與會擔任與談人，這對於小時候接受過家扶基金會協助的我來說，是一項殊榮與特別的經驗，也很感謝家扶基金會提供這樣的場合與機會，讓曾經是被協助者的我，有機會讓更多人聽到從「被協助者」的角度來看「協助」這件事情。

並沒有出現完美結局

　　這次青年論壇的分享主題主要是圍繞在「工作如何與弱勢族群、社會關懷連結」，因此我分享的就是自己在博幼基金會協助弱勢孩子教育脫貧的經驗與感觸，同時也回顧自己

在脫貧過程當中碰到的一些問題與關卡，曾經一直以為經濟脫貧是弱勢脫貧的終點，但是當我經濟脫貧之後才赫然發現終點並沒有出現，經濟脫貧這個關卡破關之後，並沒有出現完美結局，而是出現另一個關卡，只是這個關卡非常隱晦，隱晦到很多弱勢者與助人者都容易不自覺的忽略，當然，平凡如我也無法一眼看穿事情的真相。

別無選擇地必須面對自己過往的傷痛

不過，我的運氣似乎稍微好一點，就在我達到經濟脫貧沒多久我就到了博幼基金會擔任督導，在協助弱勢孩子與家庭的過程中也開始與自己的過去對話，在協助解決弱勢孩子與家庭的問題當中開始了「自我療癒」與「接受自己」的歷程，這個歷程持續了好幾年，過程中也充滿了挑戰與困難，因為最難的是面對自己不堪與痛苦的過去及記憶，就像已經結痂已久的傷口要重新將結痂的地方切開般痛苦，需要再經歷一次受傷的痛楚。雖然知道這是完全復原必須經歷的過程，但是再痛一次總是容易教人退卻，而我是在工作的過程中別無選擇地必須面對自己過往的傷痛，否則以我膽小怕事

又懶惰的個性是不會有足夠的勇氣主動面對，也虧得從事助人工作，否則我可能一輩子都沒有機會面對與接受自己了。

讓悲傷變得比較不悲傷

論壇當中我分享了接受自己的歷程，同時也用同樣的方法協助弱勢孩子接受自己，我發現當曾經的弱勢者在協助有相同或類似經驗的其他弱勢者時，如果可以分享自己的弱勢經驗，會比較容易讓其他弱勢者感覺被同理。那怕原本的弱勢經驗是非常負面的，分享的過程中會讓其他弱勢者感到被理解與支持，也能夠降低與稀釋其他弱勢者負面經驗的強度，讓悲傷變得比較不悲傷，讓羞愧變得比較不羞愧。這樣的感覺就很像如果只有自己一個人被老師處罰就會覺得非常丟臉，但是如果有很多同學一起被處罰，丟臉的感覺就會被稀釋與下降，因為有人跟你一樣，就不會覺得自己很孤單，很可憐，因為只有一個人的時候最容易感到孤單與絕望，此時的負面情緒最大，反之，有伴就比較不會有孤單與絕望的感覺，因為有其他人一起作伴嘛！。

讓助人者重新檢視與定義原本的弱勢經驗

　　而助人者在分享自己的弱勢經驗時，雖然過程並不輕鬆，但是自己弱勢經驗分享的過程當中，不僅可以讓被協助者感到被同理，同時也在自己的敘述與對方的回饋當中會加入一些新的印象與感受，會讓助人者重新檢視與定義原本的弱勢經驗，也會促使原本的負面經驗增加一些正向的元素進去。就像我的父親在我十歲的時候過世這件事情，一直以來都是非常負面的經驗，但是有一天我可以跟另外一個十一歲時父親過世的小男孩分享父親過世的痛苦與難過經驗時，不僅讓這個小男孩覺得被同理，因為別人也有跟他有一樣類似的經驗，同時我也發現父親過世這件事情居然還可以鼓勵另外一個父親過世的小孩時，這件事情對我來說就不再只有負面的印象與感受，因為還出現可以鼓勵別人的正面元素了。

心靈自由是每一個人都應該擁有的基本人權

　　因此，當我再想起父親過世這件事情的時候就比較不會感到無止盡的悲傷與難過了，同時也比較不害怕想起這件事情了，因為這件事情雖然令我悲傷，但是我可以在想起父親

的過程中協助另外一個需要幫助的小孩，如此悲傷就不再只有悲傷了！

當我可以面對自己的悲慘經驗時，我才開始接受自己，喜歡自己，也接受自己的家庭與家人，不再盲目的羨慕別人了，而我稱這樣的脫貧叫做「心靈脫貧」的層次，因為我的心靈不再被貧窮經驗所產生的自卑限制心靈的自由，而我認為所有的弱勢孩子都應該有權利跟我一樣獲得心靈的自由，因為心靈自由是每一個人都應該擁有的基本人權。

所以，您猜對協助弱勢者的終點了嗎？

跡 履
每個人都有一條堅持要走的路

作者｜吳文炎

編輯｜宋芳綺

設計｜今度設計工作室

發行｜樂學齋出版社

　　　812 高雄市小港區港平路 134 號　　TEL 07-8018570

戶名｜樂學齋出版社　匯款帳號　714-10-051176

　　　銀行代碼：第一銀行小港分行 (0077143)

印刷｜美育彩色印刷廠股份有限公司

發行｜初版一刷　2023.06

定價｜ NT$350

國家圖書館出版品預行編目 (CIP) 資料

跡履：每個人都有一條堅持要走的路 = The persistent road/吳文炎著.
-- 初版. -- 高雄市：樂學齋出版社, 2023.06

　面；　公分

ISBN 978-986-92460-7-1(平裝)

1.CST: 社會工作

　　　　　547　　　　112008844